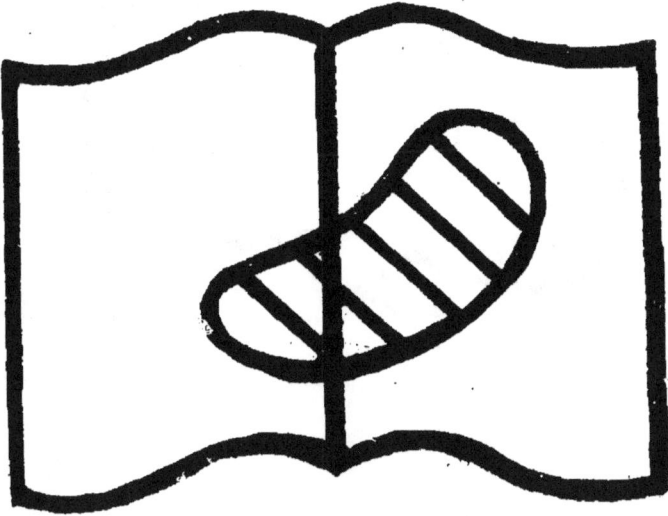

Illisibilité partielle

Couvertures supérieure et inférieure
en couleur

TRAICTE'S

DES

MONNOYES,

POVR VN CONSEILLER

D'ESTAT.

C'est M. De Suilly.
V. page: 37.
(par henry Poullain)

A PARIS.

M.DC.XXI.

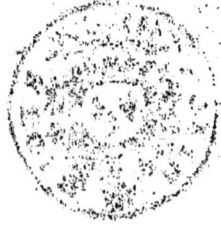

AV ROY.

SIRE,

Ces trois ou quatre Traictés ne doiuent, ny ne peuuent estre dédiez à autre, qu'à vostre Majesté ; puisque seule, elle est le chef souuerain de ceux qui me les ont commandés de dresser : Ils regardent la conseruation de vostre Estat, & de tous ceux de vos voisins ; puisque le faict qu'ils traitent, est purement vn faict d'Estat : Ils representent particulierement le danger qu'apporte la fabrication, en quantité, de la petite monnoye de cuiure ; que vostre Majesté, & tous les Princes souuerains, doiuent defendre & interdire, lors que leurs subjects en sont suffisammment remplis : Bref, ils peuuent seruir à discuter les propositions, qui depuis peu ont esté faites en vostre Conseil, pour venir à vn Bail general de vos Monnoyes ; puisque, par le moyen d'iceux, il est aisé de choisir ce qui s'y treuuera d'vtile, & reietter le vain & dangereux. Or ces Traictés, SIRE, ne sont qu'vn essay pour paruenir à vn plus grand œuure,

S'il plaiſt à voſtre Maieſté fauoriſer ce commancement, & le proteger contre aucuns preuenus, qui ne viſent qu'à leurs intereſts, & à
eſtouffer & cacher cette ſcience, que ie croy, plus
elle ſera cognuë par Meſsieurs de voſtre Conſeil,
plus voſtre domaine augmentera, plus les richeſ-
ſes de vos ſubiects ſe conſerueront, & plus les
eſtrangers, venans en France, rempliront voſtre
Eſtat des leurs. C'eſt vne matiere qui n'a encores eſté traitée par aucun, au ſens que ie la preſente, ie n'en excepte les Grecs ny les Romains;
bien-heurez, s'il vous plaiſt, SIRE, ce commancement, ie me ſens aſſés de courage & de
force pour rompre cette glace, & eſleuer cette
ſcience iuſques à tel poinct, qu'elle puiſſe ſeruir aux ſiecles aduenir (ſoubs les heureux auſ-
pices de voſtre Maieſté) de phare, & de con-
duitte aux deſordres de leurs monnoyes.

Voſtre tres-humble, tres-fidele, &
tres-obeïſſant ſubiect, & ſeruiteur,

HENRY POVLLAIN.

A Paris, le 18. iour
d'Octobre 1621.

DE LA SCIENCE
ET COGNOISSANCE QVE
DOIBT AVOIR VN CONSEILLER
d'Eſtat, au faict des Monnoyes.

A MONSIEVR LE DVC DE SVILLY.

MAXIME PREMIERE.

QVE le faict des Monnoyes, eſt vn faict d'Eſtat : *et* la cognoiſſance d'icelles, neceſſaire à celuy qui a la conduite de l'Eſtat *et* gouuernement de ſon Prince.

IE commance par vne maxime bien hardie, Monſieur, d'oſer mettre en comparaiſon le faict des Mõnoyes, auiourd'huy tant rabaiſſé, contre vn faict d'Eſtat, qui ne regarde que ce qui eſt haut, grand, & releué. Mais, comme la viande eſt la nourriture du corps, les nerfs la ligature qui le fait mouuoir, & le ſang qui luy donne vie pour vſer de ſes functions : De meſme le faict des Monnoyes en vn Eſtat, eſt la viande qui le nourrit, les nerfs qui le font mouuoir, & le ſang qui luy donne vie & le fait vegeter en tous ſes membres, par le moyen du prix, cours, & ex-

A

position des especes. Et s'il vous plaist de confi-
derer la fin de l'vn & de l'autre, vous trouuerez,
à mon aduis, que tous deux tendent & visent à
mesme but. Car Estat, est vn pouuoir & auctori-
té souueraine, tendant à la conseruation de tous
les habitans d'vn pays : & faict d'Estat, sont les
moyens dont l'on se sert pour vser de ce pouuoir. Or le faict & cognoissance des Monnoyes
n'est autre chose, qu'vne science pour con-
seruer & rendre aux mesmes habitans ce qui leur
appartient. Il semble doncques, Monsieur, que
le faict des Monnoyes, qui enseigne & tend à
semblables moyens de conseruation, peult à iuste tiltre estre mis en comparaison auec l'Estat.
Consequemment tres-necessaire d'estre sçeu &
entendu par vn Conseiller d'Estat, pour discuter
les faux aduis, resoudre les difficultez, & faire
choix, en temps opportun, d'vn bon reglement
de Monnoye, vtile à son Prince, & à tous ses subjects. Cette premiere maxime se confirmera
d'auantage par les suiuantes, desquelles elle des-
pend entierement.

Max. II.

QVE pour venir à cette cognoissance, luy est besoin sçauoir : la Proportion de l'or à l'argent, dont les Princes different, par Ordonnances, les vns des autres : L'interest qu'apporte le cours & exposition des especes estrangeres dans la Prouince : & les diuerses sortes d'affoiblissemens que les Princes peuuent faire sur leurs Monnoyes.

IL est bien certain, que la source de tous les desordres qui arriuent aux Monnoyes vient principalement de trois causes : La premiere, de la proportion de l'or à l'argent, dont les Princes, par leurs Ordonnances, different les vns d'auec les autres : La deuxiesme, du cours des especes estrangeres qui s'exposent dans la Prouince : Et la troisiesme, des diuerses sortes d'affoiblissemens que les Princes peuuent faire sur leurs Monnoyes, en l'ouurage & fabrication de leurs especes. Ie commenceray par la premiere ; mais parauant il fait à remarquer la maxime qui suit.

Max. III.

QVE pour entendre cette Proportion de l'or à l'argent, fault tenir pour Maxime tres-vraye : qu'en tout pays, l'espece d'or achette & paye celle d'argent ; & les especes d'argent achettent & payent celle d'or, suiuant & ainsi que la Proportion de l'or à l'argent y est gardée.

LA beauté, pureté, dureté, rareté, proprieté, éternité, & incombustibilité de l'or & de l'argent les à fait choisir seuls, entre tous les metaux, pour la fabrication de la monnoye, receuë, approuuée, & estimée vniuersellement d'vn chacũ : de sorte, qu'en tous païs l'espece d'or achette & paye plusieurs especes d'argent ; & plusieurs especes d'argent achettent & payent l'espece d'or : comme en France, suiuant la derniere Ordonnance, vn escu d'or deuroit achetter & payer quatre pieces de seize sols d'argent & vn sold, & quatre pieces d'argẽt & vn sold deuroient achetter & payer vn escu d'or : De mesme, en Espagne vn escu pistolet deuroit semblablement achetter & payer douze reales d'argent, & douze reales d'argent deuroient achetter & payer vn escu pistolet d'or ; & ainsi est-il des autres pays, estant loisible à vn chacun de payer ce qu'il achette en espece d'or, ou en es-

pece d'argent, au prix & à la proportion receuë
dans le pays, & suiuant l'Ordonnance du Prince sur le cours de ses especes. Or, de ce choix
qu'ont les achetteurs de payer en especes d'or
ou en especes d'argent, & de la difference de
proportion qu'obseruent vos voisins au cours
de leurs especes contre la vostre, commance le
surhaussement: puis le transport de vos especes
hors vostre Prouince, principalement quand
celles de vos voisins y ont cours auec les vostres.

Max. IIII.

QVE Proportion, est la quantité des especes d'argent, que le Prince, par Ordonnance & compte numeraire receu dans sa Prouince, met & fait courir contre vne seule de
ses especes d'or, esgale en poids & bonté interieure à celles d'argent : & la difference de
cette Proportion, est le plus ou le moins desdites
especes d'argent, que les vns & les autres mettent & font courir, aussi par Ordonnances
& comptes numeraires de leurs Prouinces, contre vne seule de leursdites especes d'or, esgale
en poids & bonté interieure à celles d'argent.

EN cette differece de proportiõ de l'or à l'argent obseruée dans chacune prouince, consiste vne grãde partie de tout le billõnement &

courretage qui se fait aux monnoyes. Pour la
bien entēdre, & parauant que la definir, vous re-
marquerez, s'il vous plaist, Monsieur, trois choses: La premiere, que la proportion de l'or à l'ar-
gens n'est pas tousiours fixe & arrestée à la douziesme, comme plusieurs s'imaginent; ains change, tantost à la dix, à la vnze, douze, treize, plus
ou moins, selon que chaque Prince trouue que
elle luy est vtile de la hausser ou abaisser, pour
attirer les especes de ses voisins, & les conuertir aux siennes: Neantmoins à present tous ceux
qui sont voisins de la France, pour la plus haute, ne s'esloignēt gueres de la treiziesme; & pour
la plus basse, de la dix ou vnziesme. La deuxiesme qui fait à remarquer est, Que les Princes qui
gardent vne haute proportion, comme douziesme ou treiziesme, surhaussent & donnent vn
grand prix à leur espece d'or, & abaissent celuy
de leur espece d'argent; & en ce faisant, diminuent pour vn mesme compte numeraire de
monnoye, le poids de leur espece d'or, à l'esgard
de celle de leurs voisins, qui gardent vne plus
basse proportion que la leur. Et ceux au contraire qui obseruent vne basse proportion entre
l'or & l'argent, comme dixiesme ou vnziesme,
surhaussent & donnent vn grand prix à leurs especes d'argent, & abaissent celuy de leur espece
d'or, diminuans pour vn mesme compte numeraire de monnoye, le poids de leur espece d'argent, à l'esgard de celle de leurs voisins, qui gardent vne plus haute proportion qu'eux. Et ce

qui fait à remarquer en troiſiéſme lieu eſt, Qu'en
Eſpagne, la proportion des eſcus piſtolets d'or,
& reales d'argent, des poids & bonté interieure
qu'ils doiuent eſtre,& cours qu'ils ont par l'ordonnance 1566. eſt douzieſme & $\frac{4}{33}$ iuſtement. En France, que la proportion de nos eſcus d'or, contre nos quarts-d'eſcus & pieces de
dix ſols d'argent, des poids & bonté interieure,
auſſi qu'ils doiuent eſtre,& ſuiuant le cours qui
leur eſt donné par l'ordonnance 1602. eſt vnzieſme & quelque peu plus. Et en Angleterre, que
ladite proportion des Elizabet d'or côtre leurs
Schelins & Pens d'argent,des poids, bonté interieure,& cours qu'ils auoient du regne de la feuë
Royne, eſt dixieſme ſeulement. Cela preſuppo-
sé, ie dy que Proportion, eſt la quantité des eſpeces d'argent que le Prince, par ordonnance,
met & fait courir dans ſa prouince, contre vne
ſeule de ſes eſpeces d'or, ſemblable en poids &
bonté interieure à celles d'argent: l'exemple facilitera ceſte definition. Preſuppoſé qu'en ces
trois Royaumes l'on compte à liures, ſols, & deniers, comme l'on fait en France: & que l'on y
fabrique auſſi des piſtolets d'or,& reales d'argēt
ſemblables en poids & bonté interieure, l'vne à
l'autre. En Eſpagne, où il s'y obſerue vne proportion douzieſme entre leurs eſpeces d'or & d'argent, arreſtant le cours de la reale à 5. ſols, leur
piſtolet d'or y aura cours pour 60. ſols; parce-
que douze fois 5. ſols, valeur d'vne reale, font 60.
ſols. En France, où ne gardons qu'vne propor-

A iiij

tion vnzieſme entre nos eſcus d'or, quarts- d'eſcus & pieces de dix ſols d'argent, donnans cours
à noſtre reale pour cinq ſols, noſtredict piſtolet
n'y auroit cours que pour 55. ſols ; parce que vnze fois cinq ſols, valeur d'vne reale, ne font que
55. ſols. Et en Angleterre, où ils n'obſeruent que
vne proportion dixieſme ſeulement, entre leurs
Elizabet d'or & *Schelins* d'argent, donnans
cours à leurdite reale pour cinq ſols, leurdit piſtolet n'y auroit cours que pour 50. ſols ; parce
que dix fois cinq ſols, valeur d'vne reale, ne font
que cinquante ſols. Ainſi, les Princes qui gardēt
par ordonnance vne haute proportion, ſurhauſ-
ſent & dōnent vn plus grād prix à leurs eſpeces
d'or, que ne font ceux qui la gardēt plus baſſe : &
pour monſtrer au contraire, comme les meſmes
Princes qui obſeruent vne haute proportion,
rabaiſſent le prix de leurs eſpeces d'argent à l'eſgard de ceux qui la gardent plus baſſe eſt, Qu'en
Eſpagne, où ladite proportion douzieſme eſt
obſeruée, donnans cours à leurdit piſtolet pour
ſoixante ſols, leur reale d'argent n'y aura cours
que pour cinq ſols ; parce que ſoixante ſols, valeur d'vn piſtolet d'or, diuiſez par douze, vient
cinq ſols pour le cours qu'auroit en Eſpagne
chacune de leur reale : En France, où nous ne
gardons, cōme dit eſt, qu'vne proportiō vnzieſme, arreſtant le prix de noſtredit piſtolet à ſoixante ſols, noſtre reale d'argent y auroit cours
pour cinq ſols ſix deniers, ou enuiron, qui ſont
ſix deniers plus qu'en Eſpagne ; parce que ſoixan-

te fols, diuifez par vnze reales, vient cinq fols fix
deniers, ou enuiron, pour le cours qu'auroit à
prefent chacune defdites reales parmy nous. Et
en Angleterre, où il ne s'y obferue qu'vne proportion dixiefme, arreftant le cours dudit piftolet à foixante fols, leur reale d'argent y auroit cours pour fix fols tournois, qui font fix deniers plus qu'en France, & vn fold plus qu'en Efpagne; parce que foixante fols diuifez par dix,
vient fix fols pour le cours qu'auroit à prefent
chacune defdites reales en Angleterre. Par ces
exēples, il fe voit, Que l'Efpagne, qui garde vne
haute proportion entre l'or & l'argent, fur-
hauffe pour vn mefme compte numeraire de
monnoye le prix de fon piftolet d'or, qui a cours
pour foixante fols, à l'efgard de la France & Angleterre; & qu'elle rabaiffe auffi pour le mefme
cōpte numeraire de mōnoye, le prix de fa reale
d'argēt, qui n'y a cours que pour cinq fols, à l'efgard de la France & Angleterre, qui obferuent
vne plus baffe proportion qu'elle ne fait. Et
fe void encores, par les mefmes exemples, que la
France & Angleterre, gardās vne plus baffe proportion que l'Efpagne, & qu'elles rabaiffent auffi pour vn mefme compte numeraire de monnoye, le prix de leurs piftolets d'or, qui eft en cet
exemple pour la France cinquante-cinq fols, &
pour l'Angleterre cinquante fols; & furhauf-
fent au cōtraire, pour vn mefme compte numeraire de monnoye, le prix de leurs reales d'argent, qui eft en cet exemple pour la France cinq

fols fix deniers, & pour l'Angleterre fix fols, à
l'efgard de l'Efpagne, qui obferue vne plus haute proportion qu'elles ne font à prefent par ordonnance. Or, cette quantité de plus ou moins
d'efpeces d'argẽt, & diuerfité de leurs cours que
chaque Prince par ordonnance met & fait courir dans fa prouince, contre vne feule de fes efpeces d'or, eft & s'appelle difference de proportion: Et de cette difference de proportion, vient
premierement le tranfport; puis le furhauffemẽt
du prix des efpeces de la prouince: ce que ie vay
monftrer en la maxime fuiuante.

Max. V.

QVE de cette difference de Proportion,
qu'obferuent par ordonnance les Princes fouuerains au cours de leurs efpeces d'or &
d'argent, vient premierement le tranfport; puis
le furhauffement de prix des efpeces de la prouince, principalement quand cellés defdits eftrangers y ont cours.

DONQVES, de cette difference de proportion de l'or à l'argent obferuée dans chacune prouince, c'eft à dire de ces prix & cours
differends que chaque Prince donne, par ordonnance, plus ou moins à fes efpeces d'argent qu'à
fon efpece d'or, vient premierement le tranfport
des efpeces de la prouince, qui fe fait en cette

façon. Les marchāds de France, qui gardēt comme dit eſt, vne proportion vnzieſme au cours
de leur eſpece d'or & d'argent, allans traffiquer
en Angleterre, ou par vne proportion dixieſme,
ils donnent encores vn plus grand prix à leurs
eſpeces d'argent que ne faiſons, leur portant de
nos quarts-d'eſcus d'argent, les Anglois les pren-
dront, comme ils les prennent, pour plus grand
prix que ne les expoſons en France: & ſi le traffic de France eſtoit grand en Angleterre, & que
leurs eſpeces d'argent euſſent vn grand cours
parmy nous, elles feroient ſurhauſſer noſdicts
quarts - d'eſcus d'argent, comme nos meſmes
marchands allans ttaffiquer en Eſpagne & en
Flandre, où ils obſeruent vne proportion douzieſme, & priſent, en ce faiſant, plus nos eſpeces
d'or que ne faiſons, font ſurhauſſer entre nous
le prix & cours de noſdits eſcus d'or, qui ne
deuroient auoir cours que pour 65. ſols piece,
le quart-d'eſcu d'argent demeurant au prix de
ſeize ſols piece. Et de là vient, à cauſe du grand
traffic que la France a auec les Eſpagnols &
Flamens, & principalement auec la Flandre, &
du grand cours qu'ont leurs piſtolets d'or & Al-
bertus parmy nous, que noſdits eſcus d'or ſont
par eux ſurhauſſez du prix qu'ils doiuent auoir
par ordonnance: & que nos marchands auſſi,
pour le double profit qu'ils y font, ſont incitez
d'autant plus à les tranſporter auſdits Flamens
& Eſpagnols, qui les pourroient conuertir en
l'ouurage de leurs piſtoles, n'eſtoit la grande
Traitte qu'ils prennent ſur icelles.

MAX. VI.

QV'AV transport des especes de la Prouince, les marchands regnicoles y pro-
fitent en deux façons ; sçauoir, sur l'espece qu'ils
transportent, & sur la marchandise qu'ils
achettent des Estrangers.

AInsi, par la Maxime precedente a esté suffisamment monstré, comme nos Mar-
chands transportans nos especes, sçauoir celles
d'argent en Angleterre, où ils n'obseruent qu'v-
ne proportion dixiéme, & celles d'or en Flandres & Espagne, où ils gardent vne proportion
douziéme, gaignent sur icelles autãt que la proportion de ces metaux se trouue differente auec
la nostre: Mais outre ce profit qu'ils font sur lesdites especes, ils en font vn second sur la marchandise qu'ils achettent d'eux, qui fait que nos
Marchands sont encores plus enclins à les transporter: car allans traffiquer en Angleterre, où
l'argent y est plus estimé qu'en France, y achet-
tans de la marchandise pour xi. li. tournois, & la
payant en argent de France, nosdits Marchands
y gaignent vne vnziéme partie ; parce que le
poids de x. liures tournois en argent de France,
paye le poids de xi. liures tourn. en argent d'Angleterre; qui est le premier gain qu'ils font sur les
especes qu'ils transportẽt. Puis, ces mesmes marchands venans à reuẽdre en France la marchan-

dise qu'ils ont achettée en Angleterre, biẽ qu'elle ne leur ait cousté que le poids de x. liures tournois en argent de France, comptent le poids de xi. liures tournois qu'ils l'ont achettée en Angleterre, & la reuendent à ce prix là en France ; qui est le second gain qu'ils font sur ladite marchandise qu'ils achettent des Estrãgers. Pareillement allans traffiquer en Flandres & Espagne, où nos escus d'or y sont plus estimez, à cause de leur proportion douziesme, qu'en France, nos mesmes Marchãds y profiterõt ; sçauoir, & sur nos escus qu'ils trãsporteront, & sur la marchandise qu'ils achetteront d'eux, venans à la reuendre en France, ainsi qu'il a esté representé cy dessus sur les especes d'argent de France, par le traffic qu'ils font en Angleterre.

Max. VII.

QVE pour empescher le transport des especes de la Prouince, l'on a proposé autresfois d'establir auec l'Estranger la permutation de marchandise pour marchandise : mais qu'vn tel reglement ne se pourroit garder, pendant que les Regnicoles treuueroient du gain à transporter les especes de la Prouince.

AVtresfois, pour remedier au transport des especes de la Prouince, l'on a proposé d'enjoindre aux Marchands Regnicoles de permuter auec les Estrangers marchandise pour marchandise, sans considerer que cette ordonnance, si elle auoit lieu, seroit grandement dommageable à la France, qui a beaucoup plus à vendre qu'elle n'a à achetter de ses voisins, & impossible de la faire obseruer par les Regnicoles, pendant qu'ils treuueront du profit, & au transport desdites especes d'or & d'argent de France, & en l'achat aussi des marchandises estrangeres, les rapportans reuendre parmy nous.

MAX. VIII.

QVE l'vnique moyen, pour faire que le transport des especes ne puisse nuire à sa Prouince, & empescher autant qu'il se peut le surhaussement de prix d'icelles, est (apres s'estre esgalé en bonne proportion de l'or à l'argent auec ses voisins) descrier & deffendre, entre ses subjects, le cours à la piece de toutes sortes d'especes estrangeres : permettant seulement aux marchands Regnicoles traffiquans sur les frontieres, de receuoir au poids de marc, comme billon, l'vne des sortes desdites especes estrangeres qui se treuuera estre la plus commune & la plus en vsage entr'eux ; A la charge d'en porter le poids à la plus prochaine Monnoye du lieu où ils l'auront receu, suiuant les Ordonnances.

PAr les Maximes precedentes, l'on peut recognoistre, l'impossibilité qu'il y a d'empescher le transport des especes de la Prouince, & la difficulté aussi de retenir le prix & cours d'icelles dans les termes de l'Ordonnãce, à cause de la difference de proportion que les Princes obseruent au cours & pied de leurs especes d'or & d'argẽt : Neantmoins i'estime, que l'vnique & seul moyẽ pour faire que le transport des especes ne puisse nuire à sa Prouince, & empescher autant qu'il se peut le surhaussemẽt de prix d'icelles, est (apres s'estre esgalẽ en bonne proportion de l'or à l'argent auec ses voisins) descrier & deffendre entre ses subjets le cours à la piece de toutes sortes d'especes estrangeres, de quelque bonté qu'elles soient : permettant seulement aux Marchands regnicoles, traffiquans sur les frontieres, de receuoir au poids de marc comme billon, & pour marchandises venduës, l'vne des sortes desdites especes estrangeres qui se treuuera lors estre la plus commune & la plus en vsage entr'eux, & qui par affiches & cry public, leur sera designée & eualuée;le poids de marc de laquelle ils ne pourront exposer, en la Prouince ny entre les subjets dudit sieur : ains seront tenus le porter ou faire porter en la plus prochaine Monnoye du lieu où ils l'auront receu; sur peine de confiscation d'iceluy, d'amende arbitraire, & de plus grande peine s'il y eschet.

La verité de cette Maxime se rendra plus intelligible, en representant & confutant les rai-

fons de ceux qui s'oppofent & veulent empefcher, dans leurs Prouinces, le defcry à la piece
defdites efpeces eftrangeres. Les defcrians, di-
fent-ils, c'eft les chaffer de voftre Prouince, & n'y
ayant point de mines qui puiffent vous fournir
de matieres pour fabriquer des efpeces d'or &
d'argent, vous empefchez par vn tel defcry l'apport defdites matieres? D'auantage, fi voftre
Prouince eft fertile, & que vos voifins ayent
befoin de vos marchandifes, venans pour les
achetter, dequoy voulez-vous qu'ils vous
payent, fi vous defcriez le cours de leurs efpeces? Partant concluent, que le defcry en eft
tres-pernicieux. Ces raifons eftans bien confi-
derées, fe treuueront auoir plus d'apparence que
de verité. Car defcrier & deffendre le cours des
efpeces eftrangeres, n'eft pas deffendre que l'on
vous en apporte: au contraire, les defcrians à la
piece entre vos fubjects, vous les abbaiffez de
prix, ne les eftimans qu'au poids de marc comme billon, & les offrez en ce faifant à vos Maiftres des Mõnoyes pour les conuertir en efpeces
de vos coings & armes: là où leur dõnans cours
auec les voftres, vous oftez l'aliment de vofdites
Monnoyes, & contraignez vofdits Maiftres &
Fermiers de les furachetter du prix qu'elles ont
entre les Eftrangers, pour les conuertir en vos
efpeces. Et pour le regard de l'autre raifon:
Plus voftre Prouince eft fertile, plus vous deuez deffendre le cours defdites efpeces ef-
rangeres: Car, fi ils ont affaire de vos marchandifes

difes, c'eſt à vous à leur donner la loy ſur lē
cours de leurs eſpeces, qui eſt que n'en voulez
qu'au poids de marc comme billon. Que ſi l'on
repartiſt, Que les Eſtrangers, à cauſe de la perte
qu'ils feroient ſur leurs eſpeces ne les expoſans
qu'au poids de marc cōme billon, yroient chercher les meſmes marchandiſes en d'autres Prouinces que la voſtre ; l'on peut reſpondre, ils s'enſuiuroit premierement, que voſtre Prouince ne
feroit tant fertile comme ie l'ay poſée au commancement ; & encores en ce cas, n'y auroit aucune apparence que les Eſtrangers, pour le peu
de perte qu'ils feroient ſur leurſdites eſpeces, les
expoſans dans voſtre Prouince au poids de marc
comme billon, allaſſent chercher les meſmes
marchandiſes en d'autres pays, ou par longueur
du chemin, ou ne s'y treuuās ſi bonnes ne ſi loya-
les que les voſtres, ils y feroient, comme i'ay dit,
vne bien plus grande perte que celle qu'ils eſti-
meroient auoir ſur leurſdites eſpeces deſcriées.
Mais, outre cette reſponſe, ie ſouſtiens & eſt tres-
vray, Monſieur, que les Eſtrangers nous appor-
rans leurs eſpeces, ne font aucune perte ſur icelles, les prenās au poids de marc cōme billon. Car
de leurſdites eſpeces, ils choiſiſſent & ne nous
apportent que celles d'or ou celles d'argent qui
font à meilleur marché dans leur pays, & leſquelles ils ſçauent & recognoiſſent, par vne difference
ce de proportion, eſtre plus eſtimées & valoir d'a-
uantage qu'au leur : ſur leſquelles, toute la perte
qu'ils y peuuent faire, n'eſt que la Traitte que

B

leur Prince met fur icelles. Or eſt-il, que cette
Traitte ne vaut iamais tant, ny n'approche à
beaucoup pres du prix qui ſe treuue en la difference de proportion que les Princes mettent
touſiours entre leurs eſpeces & celles de leurs
voiſins. Il s'enſuit doncques, que les Eſtrangers
nous apportans leurſdites eſpeces, ne reçoiuent
aucune perte en l'expoſition d'icelles: ains faillēt
ſeulement à gaigner quelque choſe plus qu'ils y
gaigneroient ſi elles n'eſtoient point deſcriées:
L'exemple facilitera l'intelligence de cette pro-
poſition: Par les Maximes precedentes a eſté
ſuffiſamment monſtré, comme l'Eſpagnol, qui
garde vne proportion douziéme, ſon piſtolet
ayant cours dans ſon pays pour lx. ſols, ne donne
prix à ſa reale d'argent que pour cinq ſols ſeulement; & au contraire, le François, qui garde
vne proportion vnziéme, ſans changer le cours
dudit piſtolet, faict courir ſa reale d'argent dans
le ſien, pour cinq ſols ſix deniers: Or eſt-il, que
la traitte que met le Roy d'Eſpagne ſur chacune
de ſes reales d'argent, eſt moins qu'vn double
ou deux deniers tournois. Il s'enſuit doncques
que le marchand Eſpagnol nous apportant ſa
reale cizaillée, & ne l'eſtimant qu'au poids de
marc comme billon, la pourra encores expoſer pour quatre deniers tournois plus qu'elle n'a
cours, & ne s'expoſe dās ſon pays: & ainſi le marchand Eſpagnol ne pert rien en l'expoſition de
ſa reale d'eſcriée, la prenant au poids de marc
comme billon, ains fault ſeulement à gaigner

quelque chofe plus qu'il y pourroit gaigner, fi
elle n'eftoit point defcriée. Ie conclud donques
& dy, que toute Prouince, pour venir à quelque
poinct de grandeur, doibt auoir en temps de
paix quelque chofe de recômandable, qui attire
l'or & l'argent de fes voyfins: que le cours des
efpeces eftrangeres en icelle n'eft pas ce qui y
fait venir, ne ce qui la remplit d'or & d'argent,
ains la fertilité du terroir, qui luy peut rendre,
s'il eft cultiué, des bleds, vins, legumes, filaffes,
cottons, & autres chofes femblables: Les arts &
meftiers, tels que font ceux des Megiffiers, Tan-
neurs, Couftelliers, Armuriers, & autres, & les
manufactures, comme font celles des toilles, des
draps de layne & de foye, les diuerfes fortes de
tapifferies, la peinture, & autres chofes femblables, qui attirent feules par leur traffic l'or & l'argent de fes voifins. Que celles qui ont la fertilité
du terroir, les arts & meftiers, & les manufactures
toutes enfemble, ont biē vn plus grād aduātage,
pour attirer lefdites matieres, que celles qui
n'ont que l'vne des trois; & que telles prouinces,
comme eft la France, peuuent donner la loy au
cours des efpeces neceffaires au traffic. A ces
raifons, i'adioufteray encores celle - cy: Que les
prouinces qui vendent plus qu'elles n'achettent
de leurs voifins, doibuent auoir quelque chofe
pour ce plus: ce quelque chofe, ne peult eftre
marchandife; parce que elles n'en ont que faire,
& qu'elles vendent plus, comme i'ay dit, qu'elles
n'achettent: faut donques que ce foit de l'or ou

de l'argēt:que ſi cet or,ou cet argent eſt eſträger,
& que l'eſtranger ſoit deſreglé de voſtre Proportion, comme il arriue touſiours, cet or ou
cet argent vous deſreglera pareillement ; & au
lieu que vous & vos ſubjects deuez reſſentir du
profict de ce plus qui eſt vendu dans voſtre prou-
uince, vous perdez ce plus par le billonnement
& prix exceſſif que les eſtrangers donnent à vos
eſpeces meſmes, par le cours des leurs ; & de là
vous conduiſent dans des deſordres, d'où pour
en ſortir vous eſtes contraint puis-apres, reue-
nant à vn bon reglement de monnoye, ſouffrir
vne perte generale & inéuitable ſur vous &
voſdits ſubjects.

Ce meſme diſcours, ioinct aux autres precedens, ſeruira de reſponſe à la deuxiéme cauſe
des deſordres qui arriuent aux monnoyes, dont
i'ay parlé cy deuant en la Maxime deuxiéme,
par lequel l'on recognoiſt aſſez la neceſſité qu'il
y a de deſcrier & deffendre, en toute prouince
bien reglée, le cours a la piece de toutes ſortes
d'eſpeces eſtrangeres:permettant ſeulemēt aux
marchands Regnicoles traffiquant ſur les frontieres, de receuoir, au poids de marc comme
billon , & pour marchandiſes venduës, & non
autrement, celle deſdites eſpeces eſtrangeres
qui ſe treuuera eſtre la plus commune & la plus
vſuelle entr'eux: & à la charge encores,de porter ce poids à la plus prochaine monnoye du
lieu où ils l'auront receu. Occaſion, Monſieur,
que ne m'arreſtant d'auantage à vous repreſen-

ter cette deuxiéme cause desdits desordres, auec
les remedes d'icelle, ie viendray à la troisiesme,
qui traitte des diuerses sortes d'affoiblissemens
que les Princes souuerains peuuēt faire sur leurs
monnoyes.

Max. IX.

QV' VN Conseiller d'Estat, doibt encores sçauoir les six diuerses sortes d'Affoiblissemens, que les Princes peuuent faire sur
leurs monnoyes : La premiere, en diminuant le
poids de l'espece : La deuxiéme, la bonté interieure d'icelle : La troisiéme, en surhaussant
esgalemēt le cours de l'vne & l'autre des bōnes
especes : La quatriéme, en chargeant de Traitte excessiue ses especes d'or, ou ses especes d'argent, ou les vnes & les autres toutes ensemble : La cinquiéme, en s'esloignant beaucoup de
la Proportion receuë entre tous ses voisins, ou
en la changeant souuent de peu, par le surhaussement de prix de l'vne des bonnes especes, sans toucher à l'autre : Et la sixiéme, en
faisant fabriquer par exceds si grande quantité d'especes de bas billon ou cuyure, ou peu
de grand prix & cours, qu'elles entrent en
commerce, & se reçoiuēt en sommes notables,
au lieu des bonnes especes d'or & d'argent.

OVLTRE la difference de Proportion de l'or à l'argent practiquée entre Princes voisins, & le cours & exposition des especes estrangeres dans leurs prouinces, qui sont les deux premieres causes des desordres qui suruiennent aux monnoyes necessaires d'estre entédues par vn Conseiller d'estat, il luy faut encores sçauoir cette troisiéme, qui traitte des diuerses sortes d'affoiblissemens que les Princes peuuent faire sur leurs monnoyes en l'ouurage & fabrication des especes d'or, d'argent, billon, & cuivre, lesquels ie diuise en six façons. La premiere, en diminuant le poids de l'espece, sans toucher au cours, ny à la bonté interieure d'icelle: comme, prenát l'exemple sur nos pieces de seize sols, qui doiuent poiser sept den. douze grains trebuchás piece, si le Roy les diminuoit de douze grains de poids, en sorte qu'elles ne poisassent plus que sept deniers de poids la piece; & neantmoins, qu'elles eussent cours pour seize sols tournois, & demeurassent à vnze deniers de loy argent fin, cette premiere faço d'affoiblir s'appelleroit Affoiblissement sur le poids. La deuxiéme, en diminuant la bonté interieure de l'espece, sans toucher au poids, ny au cours d'icelle: comme, continuant l'exemple sur lesdites pieces de seize sols, qui doibuent estre à vnze deniers de loy argent fin, si ledit sieur les diminuoit d'vn denier de fin de bonté, en sorte qu'elles ne fussent plus qu'à dix deniers de loy argét fin, & neantmoins qu'elles poisassent sept deniers douze grains, &

euſſent cours pour ſeize ſols tournois piece, cette deuxiéme façon d'affoiblir, s'appelleroit Affoibliſſement ſur la loy ou bonté interieure. La
troiſiéme, en ſurhauſſant proportionnément le
cours des eſpeces d'or & d'argent toutes enſemble, ſans toucher au poids ny à la bonté interieure de lvne n'y de l'autre : comme, par l'ordonnance 1577. l'eſcu d'or, du poids de deux deniers quinze grains, & à vingt-trois carats d'or
fin, auoit cours pour ſoixante ſols, & le quart-
d'eſcu d'argent du poids de ſept deniers douze grains, & à vnze deniers de loy argent fin,
auoit cours pour quinze ſols tourn. ledit ſieur,
par Ordonnance de l'année 1602. leur donna
cours, ſçauoir audit eſcu pour ſoixante cinq ſols,
& au quart-d'eſcu d'argent pour ſeize ſols, ſurhauſſant, en ce faiſant, le cours dudit eſcu, & de
ladite piece de ſeize ſols, preſque en eſgale proportion de l'vne à l'autre, ſçauoir ledit eſcu de
cinq ſols, & les quatre pieces de ſeize ſols d'argent de quatre ſols, ſans toucher à leurs poids
ny bonté interieure ; & cette troiſiéme façon
d'affoiblir eſtoit & ſe peut appeller Affoibliſſement ſur le cours. La quatriéme, en chargeāt de
Traitte exceſſiue l'eſpece d'or ou l'eſpece d'argent, ou l'vne & l'autre toutes enſemble; cóme, ſi
ledit ſieur, ſans toucher au poids, bonté interieure, & cours de l'eſcu, qui eſt ſuiuant la derniere ordonnance 1602. à lxv. ſols, le chargeoit
de cinq ſols de traitte, en ſorte que le poids de
l'or dudit eſcu difformé ne valuſt que lx. ſols: ou

bien, s'il chargeoit la piece de seize sols de deux
sols six deniers de traitte, en sorte que le poids de
l'argent de ladite piece de seize sols aussi, diffor-
mée, ne valust que treize sols six deniers: ou encores, si ledit sieur chargeoit ledit escu & ladite
piece de seize sols toutes ensemble des susdites
traittes excessiues, sçauoir ledit escu de cinq sols,
& ladite piece de seize sols, de deux sols six den.
sans toucher au poids, bonté interieure, & cours
d'iceux, cette quatriéme façon d'affoiblir s'appelleroit Affoiblissement sur la traitte. La cinquiéme, en s'esloignant beaucoup de la proportion de l'or à l'argent receuë entre tous ses
voisins, ou en la changeant souuent de peu, pensant attirer & se remplir d'auantage de l'vne de
ces matieres: côme, à present que ledit sieur ob-
serue par ordōnance au cours de ses especes d'or
& d'argent vne proportion vnziéme, & quelque
peu plus, s'il venoit à obseruer par nouuelle ordonnance vne proportion neufiéme & moins,
donnant cours à la piece de seize sols, pour dix-
huict sols tournois, & aux autres especes d'argēt
à l'equipolent, sans toucher au poids & bonté interieure de l'escu d'or: ou bien, s'il obser-
uoit par ordonnance vne proportion douziéme & plus, donnant cours audit escu pour lxxij.
sols, sans toucher au poids & bonté interieure
de la piece de seize sols: ou encores, s'il chan-
geoit souuent, comme d'année en année sadite
proportiō, surhaussant peu à peu le cours de son
espece d'or, sans toucher à celle d'argent, ou le

cours de son espece d'argent, sans toucher à celle d'or, ny à leur poids & bonté interieure, cette
cinquiéme façon d'affoiblir s'appelleroit Affoiblissement sur la proportion. Et la sixiéme &
derniere, en faisant fabriquer par exceds si grande quantité de petites especes de bas billon ou
cuivre, ou peu de grosses, de grand prix & cours,
qu'elles se reçoiuēt en sommes notables, qu'elles
entrent en traffic & cōmerce, & par la continuation de leur fabrication qu'elles apportent vne
rareté de bonnes especes d'or & d'argent entre
les subjects : comme, si ledit sieur faisoit fabriquer si grande quantité de petits liards, doubles, ou deniers de cuyure ou de billon, à vn
ou à deux den. de loy argent fin, ou peu de grosses especes de cuyure ou billon qui eussent cours
pour vn sold, ou pour dix-huict deniers tourn.
piece; en sorte que par l'exceds de leur fabrication, il s'en feist des payemens notables entre ses
subjects, causans vne rarité, & chassans les bōnes
especes d'or & d'argent hors la prouince, cette
sixiéme façon d'affoiblir s'appelleroit Affoiblissement sur l'exceds de fabrication des especes
de billon ou cuyure; à laquelle quand les Princes y adiouftent vne grande traitte, comme ils
font ordinairement, ie la tiens, comme elle est,
la plus dangereuse de toutes les six, ainsi que ie
monstreray en la Maxime suiuante.

MAX. X.

QVE de ces six diuerses sortes d'Affoiblissemens, que les Princes peuuent faire en l'ouurage & fabrication de leurs especes
d'or, d'argent, billon, & cuyure; la troisiéme,
est moins sensible au peuple, que les deux premieres: les quatre & cinquiéme, plus specieu-
ses & couuertes de plus beaux pretextes, que
les trois precedentes: & la sixiéme, plus dangereuse que toutes les autres ensemble, principalement quand les Princes y adioustent vne
grande Traitte, comme ils font ordinairement.

OR, de ces six diuerses sortes d'affoiblissemens que les Princes peuuent faire sur
leurs monnoyes; La troisiéme, qui est le surhaussement du cours de l'espece, est beaucoup
moins sensible au peuple que les deux premieres, qui se font sur la diminution du poids &
bonté interieure d'icelle, d'autant, que les deux
premieres touchent bien plus l'imagination du
peuple, qui est grossier, que ne fait le surhaussement du cours de l'espece, laquelle au contraire
il estime tousiours luy estre autant profitable
qu'il à, tient, & possede d'argent comptant. Semblablemēt la quatriéme, qui est vne imposition
& leuée de Traitte excessiue sur les especes d'or

& d'argent ; & la cinquiéme, qui eſt vn grand
eſloignement de proportion de l'or à l'argent,
contraire à toutes celles de leurs voiſins, ou vn
changement de peu d'icelle ſouuët repeté, ſont
beaucoup plus ſpecieuſes, & couuertes de bien
plus beaux pretextes que les trois precedentes.
Car, lors de la neceſſité d'vn Prince, ou d'vn
Eſtat, prendre & leuer vne grande Traitte ſur ſes
monnoyes ; & pareillement, en temps de paix &
d'abondance changer ſa proportion, & l'eſtablir
bien differente de la plus haute, ou de la plus baſſe de celles de ſes voiſins, afin d'attirer leurs eſpeces, & de les fondre & côuertir en ouurage & fabrication des ſiennes, eſt vn tiltre fort ſpecieux,
lequel ſemble ne receuoir aucun danger, ny
incommodité : Ainſi, ces quatre & cinquiéme ſortes d'affoibliſſemens ſont reueſtuës de
pretextes plus raiſonnables en apparence, que
les trois premieres. Mais la ſixiéme, qui eſt la
fabrication par exceds des eſpeces de bas billon,
ou cuivre en quantité, qui ne doiuent ſeruir que
de gage pour le change des bonnes eſpeces d'or
& d'argent, eſt la plus dãgereuſe & la plus dommageable à l'Eſtat que toutes les autres enſemble. Car, l'or ne ſe pouuant priſer que par l'argent, ny l'argent que par l'or, donnant cours aux
eſpeces de billon & cuivre par exceds, & entrans
en payemens notables, les Princes permettent
vne fauſſe eſtimation de leurs bonnes eſpeces
d'or & d'argent, par celles de billon & cuivre,
qui fait qu'ils chaſſent leurs bonnes eſpeces hors

de l'Eftat, & y retiẽnent les mauuaifes qu'ils y fõt fabriquer, par la vilité de leur prix; offrans leurs bonnes efpeces à ceux de leurs voifins qui voudrõt cõtrefaire les mauuaifes, & qui ont le cuivre à meilleur marché qu'eux, lefquels ne manquẽt iamais, pendant tel affoibliffement, de leur en apporter, les en remplir, & defpouïller leurs Prouinces de leurs bõnes efpeces d'or & d'argẽt: L'experience de cet Affoibliffement fe recognoiſt tres-veritable en Efpagne, qui en reffent à prefent des effects affez cuifans. Et quand les Princes adjouſtent à cet affoibliffement qui fe fait par exceds de fabrication d'efpeces de billon ou cuivre, vne grande Traitte fur le marc en œuure d'icelles, comme ils font ordinairement, & prefque toufiours, c'eſt lors que lafchans la bride à tout defordre, ils facilitent d'autant plus à l'eftranger, l'achat de leurs bonnes efpeces d'or & d'argent, & au Regnicole le tranfport & fonte d'icelles; ruynans en ce faifant le commerce qui fe fait au-dedans de leurs Prouinces, entre leurs fubjets; & celuy qui fe fait au dehors d'icelles, auec les eftrãgers; l'vn des grands nerfs de leur Eftat.

MAX. XI.

QV'VN Conseiller d'Estat ne doibt iamais consentir l'Affoiblissement des especes de sa Prouince, en aulcune de ces six façons : parce que, és cinq premieres, le Prince, comme celuy qui a le plus de reuenu, y perd tousiours plus qu'aulcun de ses subjects : & par la sixiéme, la Prouince estant espuisée de ses bonnes especes d'or & d'argent, que tout le corps de l'Estat, pour peu qu'il y trempe, demeure vn long temps, puis apres à se reuenir, quelque bon reglement que l'on y apporte.

APRES auoir desduit les six diuerses sortes d'affoiblissemens que les Princes peuuent faire sur leurs monnoyes, il me reste encores à representer les dàngers & inconueniens qui les accompagnent ; afin que par la crainte du mal, qu'ils ameinent tousiours auec eux, vn Conseiller d'Estat soit retenu d'en consentir aucun dans sa Prouince ; ce qu'il fera bien plus hardiment quand il cognoistra que son Prince y receura beaucoup plus de perte qu'aucū particulier de ses subjets. Il est tres-certain, qu'affoiblir, en termes generaux, est diminuer le fin du poids d'or ou d'argēt de l'espece ; & que moins l'on a

d'or ou d'argēt, moins l'on eſt riche; comme au
contraire, plus l'on en a, plus l'on doit s'eſtimer
riche: & encores, plus l'on a de reuenu, plus l'on
reçoit de poids d'or ou d'argent : le Prince
doncques qui a vn grand reuenu, diminuant le
poids d'or ou d'argent de ſes eſpeces, par l'vne
de ces cinq premieres ſortes d'affoibliſſemens,
receura en ſon reuenu moins de poids d'or ou
d'argent qu'aucun particulier de ſes ſubjets; ce
qui eſt ſenſible. Mais pour vous repreſenter
par le menu, comment ſe fait cette diminution
de fin de poids d'or ou d'argent, ſur chacune de
ces cinq premieres ſortes d'Affoibliſſemens;
commançant à la premiere, qui ſe fait par le
Prince, en diminuant le poids de l'eſpece; ie
vous diray, Monſieur, que celle-cy n'a beſoin
de plus grande déduction, pouuant ſeruir d'e-
xemple à elle meſme, & aux autres ſuyuantes;
eſtant tres-certain qu'à preſent, pour xv. ſ. tourn.
l'on reçoit vne xv. partie de poids d'argent du
quart-d'eſcu, moins que l'on ne faiſoit parauant
l'ordonnance 1602. Et quan tà la deuxiéme, af-
foibliſſant la bonté interieure de l'eſpece; c'eſt
diminuer les degrez de fin d'or ou d'argent
qu'elle tient, & remplir cette diminution de degrez de bonté, de cuivre & alliage; cela ne reçoit aucun contredit. Et pour le regard de la
troiſiéme, qui ſe fait en hauſſant le cours de l'eſpece, c'eſt ſemblablement diminuer le fin de
poids d'or ou d'argent d'icelle, par vn ſurhauſſement de prix : car parauant l'ordonnance 1602.

quinze sols en poids d'argent ouuré à vnze deniers de loy, poisoiët vnze deniers douze grains
trebuchant, qui est le poids du quart-d'escu ; &
maintenant, à cause du surhaussement de prix
dudit quart-d'escu, quinze sols en poids d'argēt
dudit quart-d'escu, poisent douze grains ou enuiron moins que lesdits sept deniers douze *onze*
grains, qui est vne quinziéme partie de poids
d'argent ou enuiron, que l'on reçoit moins que
l'on ne receuoit parauant la susdite ordonnance
1602. Et quant à la quatriéme, chargeant de
Traitte excessiue ses especes d'or & d'argent, le
Prince diminuë pareillement le poids d'or ou
d'argent que doit auoir l'espece ; parce que, la
Traitte que le Prince leue sur icelle, se prend en
la matiere mesme de l'espece ; que si elle est d'argent, il la prend en argent ; & si d'or, il la prend
en or : Comme, si le Roy prenoit cinq sols de
Traitte sur l'escu d'or, demeurant au poids,
cours, & bonté interieure de l'ordonnance, il
diminuëroit le poids dudit escu de cinq grains
d'or pour le moins ; qui est vne plus grande diminution que s'il ne leuoit sur iceluy que vn
sold de Traitte, lequel ne reuiendroit qu'à vn
grain de poids d'or, ou enuiron, de diminution.
Et au regard de la cinquiéme, s'essloignāt beaucoup de la plus haute, ou de la plus basse Proportion de tous ses voisins, prisant en ce faisant
plus son espece d'or, ou son espece d'argent
qu'eux, il diminuë pareillement le poids de
espece d'or, s'il hausse sa proportion ; & le

poids de l'espece d'argent, s'il abaisse sadite Proportion, à l'esgard de celle de ses voisins receuë dans sa prouince, par le cours de ses especes d'or & d'argent : comme, reprenant l'exemple representé cy-deuant en la Maxime neufiéme ; si le Roy, pour attirer l'argent de ses voisins, donnoit cours à sa piece de seize sols pour dixhuict sols tournois, sans toucher au poids, bonté interieure, ny cours de ses especes d'or, ledit Sieur feroit que les dixhuict sols de France, en compte numeraire, ne se payeroient de tant de poids d'argent, ouuré à vnze deniers de loy argent fin, comme feroient les mesmes dixhuict sols, en compte numeraire, de tous ses voisins, aussi de mesme argent ouuré à vnze deniers de loy, posé que les Traittes soient esgales. Ainsi, le Prince affoiblissant ses especes en l'vne de ces cinq premieres façons, diminuë le fin de poids d'icelles, & perd, en ce faisant, plus qu'aucun de ses subjets ; puisque ayant plus de reuenu que tous ceux de son Estat, il reçoit, à proportion de son affoiblissement, moins de poids d'or ou d'argent qu'il ne feroit, s'il n'affoiblissoit point. La sixiéme façon d'affoiblir, est encore plus dommageable au Prince que les cinq premieres, & tres-dangereuse à tout le corps de son Estat. Au Prince, parce que sa Prouince estant espuisée des bonnes especes d'or & d'argent, comme i'ay monstré en la Maxime precedente, où pourra il prendre le reuenu de son domaine, ses subjects n'ayans que des especes

de

de cuyure ou de bas billon pour le payer ? A
tout le corps de son Estat, parce que ses subjects
n'ayans aultre monnoye que ces meschantes
especes de cuyure ou bas billon qu'il fait fabriquer, dequoy pourront-ils achepter ce qu'ils
ont besoin de l'estranger, ny entretenir le commerce auec luy, lequel n'estime les especes qu'au
poids & à la bonté interieure qu'elles tiennent,
sans considerer l'Affoiblissement du Prince ?
Ainsi par cette sixiéme façon d'affoiblir, outre
la perte generale & commune qu'elle apporte
au Prince & à tous ses subjects, la prouince est
tellement espuisée de ses bonnes especes d'or
& d'argent, par l'exceds du transport & fonte
qui se fait d'icelles, que tout le corps de l'Estat,
pour peu qu'il y trempe, demeure vn long têps
puis apres à se reuenir, quelque bon reglement
que l'on y apporte. Ce dernier Affoiblissement
chargé d'vne grande Traitte, a esté aultre-fois
prattiqué en France, au grand dommage d'i-
celle, ainsi que ie vay monstrer en la Maxime
suiuante.

MAX. XII.

QVE quand le *Prince, par mauuais con-seil, ou pretexte de necessité, est tombé en l'vne de ces six sortes d'Affoiblissemens, le plustost qu'vn Conseiller d'Estat peult fai-re reuenir son Prince à l'Enforcissement, ou du moins à sa premiere & bonne monnoye, luy est meilleur & plus vtile qu'à aulcun de ses subjects.*

CETTE douziéme & derniere Maxime, est vn Aduis, Monsieur, que ie donne à tous Messieurs du Conseil, dùquel ils ne doiuent ia-mais se departir, quelque mescontentement qu'ils en puissent receuoir, de reuenir tost apres estre tòbez en l'vne de ces six sortes d'Affoiblis-semens, à l'Enforcissement; ou si l'Affoiblisse-ment n'a esté que sur le cours, au premier prix qu'auoient les especes parauant le surhausse-ment d'icelles : afin de ne diminuer le reuenu du domaine du Roy, & aussi de retenir la quan-tité des gages, pensions, & appointemens de ses Officiers, dans la despense qu'il luy conuient faire ; lesquels autrement, leur sont insensible-ment augmétez, àmesure que l'Affoiblissement ou seulemét le surhaussement de prix, continuë : certe augmentation leur estant comme neces-faire, attendu la cherté & encherissement de

prix de toutes choses, qui se fait & aduient par
le seul surhaussement de prix de l'vne des especes d'or ou d'argent, ou de toutes les deux ensemble.

Il ne s'est gueres passé de regnes en France, à
compter depuis Philippes le Bel, que l'on n'ait
affoibly les monnoyes en l'vne de ces six façons,
ez cinq premieres souuent, & en la sixiéme, vne
fois seulement durant chacun des regnes de
Philippes le Bel, Philippes de Valois, du Roy
Iean, pendant sa prison d'Angleterre, de Charles VI. sur la fin de son regne, peu auant que
les Anglois occupassent la France, & de Charles VII. pendant sa regence, & incontinant
apres l'Affoiblissement de son pére. Et fait à
remarquer, que tous ces Affoiblissemës en quelles sortes qu'ils fussent, ne duroient iamais longuement. Car, pour le regard des cinq premiers,
aussi tost que les Princes y estoiët tombez, trois
mois apres, voire plustost, selon l'exceds d'iceux,
ils se releuoient & reuenoient à leur premiere
monnoye. Et pour le regard du dernier, il ne se
lit point és Registres de la Cour des Monnoyes,
que lesdits sieurs y ayent trempé plus de quinze iours ou trois sepmaines, (fors Philippes le Bel, qui commança le sien dés l'An 1295.
dont par lettres il en feist vne promesse d'in-
damnité au peuple, & le continua en l'augmentant d'année en année iusques à la S. Remy
1306.) se releuans pareillemēt & reuenans à leur
premiere & forte monnoye, qu'ils appelloient,

C ij

au mefme inftant qu'ils cognoiffoient le danger
où ils fe treuuoient: auec fermens fort folemnels
de ne les plus affoiblir; & de beaux reglemens
pour reuenir à cette premiere & forte mõnoye,
qui nous tefmoignēt affez le regret qu'ils auoiēt
de s'y eftre laiffez tomber. Or la caufe qui les
faifoit fi toft reuenir à leur premiere & forte
monnoye, eftoit la perte qu'ils receuoient au reuenu de leur domaine, lequel n'eftant payé que
des mefmes efpeces affoiblies qu'ils faifoient fabriquer, venoit à eftre diminué à proportion de
leur Affoibliffement. Que s'il eftoit grand, lefdits fieurs, qui ont toufiours plus de defpenfe à
faire au dehors de leurs prouinces qu'au dedans
d'icelles, recognoiffoient incontinant la caufe
& la fource de cette diminution, par l'augmentation de la defpenfe qu'il leur conuenoit faire: & confiderans, que plus ils trempoient dans
tels defordres, plus ils diminuoient leur domaine, & affoibliffoient d'autant plus leur Eftat,
reuenoient auffi promptement à leur premiere
monnoye, comme ils auoient efté prompts à
l'affoiblir: & y reuenans, les plus fages & mieux
entendus la faifoient encores battre meilleure
qu'au precedent, afin d'augmenter leurdit reuenu.

Ainfi vous voyez, Monfieur, que les monnoyes qui ont quelque reffemblance auec le feu,
pour auoir leur principale function au dedans
d'iceluy, de tout temps ont efté fubiectes à eftre
affoiblies par les Princes: Mais comme le feu

de foy, bien qu'il foit beau & tres-lumineux, ne
doibt eftre touché, que par celuy qui cognoift
la force de fa chaleur : de mefme le faict des
monnoyes, qui eft tres-fpecieux & tres-efclat-
tant de foy, ne doibt eftre touché par aulcun
Confeiller d'Eftat, finon de celuy qui entend &
cognoift la force de ces dix ou douze Maximes
que vous prefente.

Voftre tres-humble & tres-obeïffant
feruiteur, Poullain.

Prefenté à Monfieur de Swilly,
ce Vendredy 18. Auril 1608.

C iij

ADVERTISSEMENT SVR
le placet presenté au Roy , par Pierre
Antoine Rascas , sieur de Bagarru, au mois
de Mars, 1612. où est desduit par raison de monnoye, Que la fabrication des especes de fort bas billon ou cuivre, en quantité ; ou de peu, de grand prix & cours,
est tres-dangereuse dans vn Estat.

*A Monsieur Dolé, Conseiller du Roy en ses Conseils
d'Estat & Priué, & Directeur de ses finances.*

ONSIEVR, Le texte
de ce placet estant sans ordre,
& sans aucune bóne constru-
ction de paroles , le sens en est
d'autant plus difficile à entendre. Il y a sept ou huict ans
que le sieur de Bagarris me communiqua vn
semblable dessein, & mesme me monstra vn mo-
dele de quelques pieces qu'il auoit fait portraire
pour y paruenir ; dont iel'en destournay, iugeāt
cette sienne entreprise fort vaine & tres-dangereuse au bien de cet Estat, du moins en la forme
qu'il la proposoit, & la presente encores maintenant. Cette conference que i'eu lors auec ledit de Bagarris, m'a seruy grandement à l'intelligence de ce placet, qui tend en general, à ce qu'il

luy foit permis, à l'imitation des efpeces de
monnoyes antiques, fabriquer medailles de cuiure, ayâs cours pour douze deniers, ou du moins
p ur fix deniers tournois piece, fur le pied des
doubles & petits deniers de cuivre fabriquez au
moulin. Offrant, fuiuât le modelle qu'il dit auoir
defcouuert, reprefenter fur icelles l'hiftoire augufte, & les actes heroïques de leurs Majeftez :
non point (adjoufte-il) par deuifes, dont l'on fe
fert en ce temps, qui ne font propres qu'aux
monimens priuez, particuliers, & de peu de
durée; tant à caufe de leur fens trop imparfait,
& trop general, que de leur intention. Voylà
fon deffein en gros, Sur lequel on peut dire, qu'il
ne fe peut trouuer rien de plus fpecieux, que la
fabriquation & cours de ces medailles, afin d'e-
ternifer, par abregé, l'hiftoire & les actes me-
morables du feu Roy, & de fa Maiefté à prefent
regnante, en ce fiecle principalement, où Dieu,
par l'organe de nos Princes, nous en donne tant
de fujet. Mais quand l'on confiderera le danger
que nous apporteroit la fabrication & cours de
telles medailles de cuivre, & les moyens dont
nous nous feruons, & que l'on peut encores augmenter, pour paruenir à cette immortalité &
eftenduë de leurs belles & louables actions à la
pofterité; ie m'affeure qu'il n'y aura aucun, qui
n'ayme beaucoup mieux demeurer dans les termes que nous pratiquons, pluftoft qu'embraf-
fant vne nouueauté nous ietter dans vn peril,

d'où puis apres il nous seroit impossible en sortir, sans vne perte fort signalée.

La fabrication de la monnoye de fort bas billon ou cuivre, ne doit iamais estre permise dans vn Estat bien reglé, en quantité, ny en pieces de grand prix & valeur; parce que, la quantité estouffe & chasse les bonnes especes d'or & d'argent; & peu de pieces de billon ou cuivre, de grand prix & valeur, equipole à la quantité d'icelles. Pour monstrer, comment cette quantité d'especes de fort bas billon ou cuivre, estouffe & chasse les bonnes especes d'or & d'argent, faut presupposer, qu'en tout Estat, selon qu'il est grand, fertil, & plein de denrées & marchãdises necessaires & vtiles à la vie humaine, il y doit aussi auoir proportiónémēt certaine quantité d'especes de monnoye limitée, pour l'entretien du trafic & commerce qui se fait en iceluy : autrement les habitans y demeurans, ne pourroient vendre aux leurs mesmes, ce qui leur seroit vtile; ny pareillemēt, ne pourroient achetter de l'estranger ce qui leur seroit necessaire. Cette quantité d'especes, autres-fois a esté estimée en France de sept à huict millions de liures, qui pourroient sembler beaucoup à aucuns : veu qu'en l'année 1596. elle se trouua remplie de si grande abondance de douzains, que tous les Receueurs, soient generaux & particuliers, ne receuoient presque autres especes en leurs recettes : & neantmoins, il se verifia que ce que l'on en auoit forgé par toutes les mōnoyes de Frãce,

principalemẽt depuis l'année des troubles, qu'a-
uoit cõmancé cette fabrication en quantité, ne
montoit qu'à cinq ou six cẽs mil liures: lesquels
neantmoins se treuuoient tres-suffisans pour
entretenir partie dudit commerce; puisque, outre les particuliers, lesdites receptes en estoient
lors si grandement remplies. Doncques dans
chacun Estat, selon son estenduë & fertilité, il y
doit auoir certaine quantité de monnoye vsuel-
le pour entretenir le traffic: lequel, aucuns sub-
diuisent en plusieurs façons; ie n'en feray icy que
de deux sortes, afin d'en faciliter l'intelligence.
L'vn & premier, est celuy qui se fait chez l'estrã-
ger, par les nostres qui vont achetter de leurs
marchandises, & pour le payement desquelles
ils leurs portent nos bonnes especes d'or & d'argent, principalement celles d'or, comme les plus
estimées à present par tous nos voisins: A cet-
tuy-cy, l'on y peut adjouster le payement qui se
fait des pensions estrangeres, celles des Ambas-
sadeurs, & autres semblables despences; comme
pensions, & voyages d'aucuns particuliers, pour
lesquels nosdites especes d'or & d'argent sont
semblablement transportées hors de l'Estat.
L'autre sorte de traffic, est celuy qui se fait dans
l'Estat, par les regnicoles mesmes, & de marchand à marchand; pour lequel, il ne se fait aucun transport d'especes, ains l'on est obligé receuoir celles qui sont ordonnées y auoir cours,
pour bonnes ou mauuaises qu'elles soient : A
celuy-cy, l'on y doit comprendre le reuenu or-

dinaire en argent, de tous les particuliers y reſi-
dans, de quelle qualité ou côdition qu'ils ſoient:
comme, baux de maiſons, de fermes, arrerages
de rentes, gages, penſions, appointemens, & autre reuenu, qui conſiſte en recepte & deſpence:
leſquels ſemblablement ſont obligez receuoir,
en payement de ce qui leur eſt deub, la monnoye courante, receuë & ordonnée par l'Eſtat.
Item, pour entretenir ces deux ſortes de traffic,
faut que ledit Eſtat ſoit rēply, ſçauoir pour celuy
qui ſe fait au dehors auec l'eſtranger, de bonnes
eſpeces d'or & d'argent, l'eſtranger ne faiſant
aucune eſtime de celles de billon ou cuiure; &
pour celuy qui ſe fait au-dedans dudit Eſtat, &
entre les regnicoles, l'on ſe ſert de la monnoye
courante, pour bonne ou mauuaiſe qu'elle ſoit.
Mais, voicy les inconueniens qui s'en enſuiuent:
Preſuppoſé qu'il faille huiċt millions de liures
pour entretenir l'vn & l'autre deſdits commer-
ces, ſçauoir quatre, pour celuy qui ſe fait au dehors auec l'eſtranger (encores que j'eſtime qu'il
en faille proportionnément plus pour le traffic
qui ſe fait au dehors, que pour celuy qui ſe fait au
dedans), & les autres quatre millions, pour celuy
qui ſe fait au dedans dudit Eſtat, par les regnicoles meſmes, quand le Prince fait fabriquer quantité d'eſpeces de billon ou cuiure, telles mauuaiſes eſpeces demeurent dans ſon Eſtat pour l'entretien du traffic qui ſe fait en iceluy; & les bónes
eſpeces d'or & d'argēt ſont tranſportées hors de
l'Eſtat par les regnicoles, pour l'achat des mar-

châdifes eftrangeres. Ainfi, les mauuaifes efpeces eftouffent & chaffent les bonnes ; parce que dans l'Eftat, elles tiennent lieu, & feruent autant que les bonnes : Ny plus ny moins qu'en vn ieu de cartes, où plufieurs particuliers iouent enfemble, l'on le garnit premierement de gettôs, puis l'on leur donne certain prix, qui feruent à ceux qui gaignent, à receuoir, & à ceux qui perdent à acquitter ce qu'ils doiuent : que fi au lieu de gettons l'on vouloit fe feruir de febves, & leur donner mefme prix, le ieu n'en feroit moins plaifant, ny moins parfait ; ains moins riche feulement, & moins affeuré : cette comparaifon m'eft affez ordinaire, pour reprefenter les Affoibliffemens.

Ainfi, dans vn Eftat bien police, la fabrication en quantité, ou peu de grand prix & valeur, defdites mauuaifes efpeces de fort bas billon ou cuyure, tenans lieu & feruans aultant que les bonnes, y doibt eftre toufiours reglée & limitée ; de peur, comme dit eft, d'eftouffer & chaffer hors d'iceluy les bonnes efpeces d'or & d'argent. Meffieurs des Monnoyes le fçauent fort bien pratiquer és verifications des lettres, qui leur font addreffées, portans permiffion de fabriquer de la menuë monnoye de billon ou cuiure. En l'année 1598. verifians celles d'Alexandre Oliuier, Maiftre de la monnoye du moulin, par lefquelles le feu Roy luy permettoit fabriquer des doubles & petits deniers de cuyure, ils limiterent leur fabrication à la quantité de fix

mil efcus, fi i'ay bonne memoire, pour toute la
France ; à la charge que ledit Oliuier feroit obligé en fournir chacune des prouinces les plus ef-
loignées de Paris, de certaine quantité, qui luy
fuft auffi limitée, dõt il rapporteroit certificat du
receu des Efcheuins des villes où il l'auroit en-
uoyée. En Efpaigne ils pratiquent le mefme, Fer-
nand & Yfabelle, par ordonnance du mois de
Iuin mil quatre cens quatre vingts dix-fept, feirent fabriquer des blanques, qui auoient cours
pour vn demy marauedis piece, fçauoir les deux
pour vn marauedis, de cent nonante & deux pieces de poids au marc d'Efpagne, & à 7. grains de
loy argent fin : à la charge, porte ladite ordõnan-
ce, *que en todas las dichas cafas de monedas, fe labren*
diez cuentos defta moneda y no mas, fin nueftra li-
cencia y efpec… mandado : vn cuento en Efpagne,
eft vn million de marauedis ; les dix millions de
marauedis, au prix de la monnoye qui court, reuiendroient à quelque foixante mil liures & plus
de noftre monnoye, pour toute l'Efpagne ; qui
n'eft qu'vn dixiefme plus grande que la France,
felon la fupputation que i'en ay veu faire à nos
plus experts topographes, contre le vieil erreur,
qu'elle eft deux fois auffi grande que la France,
comme l'Allemaigne deux fois auffi grande que
l'Efpaigne.   Et le feu Roy d'Efpagne Dom
Philippes II. du nom, par ordonnance du quatorziéme Decembre mil cinq cens foixante &
fix, ordonna la fabrication des Quartilles (qui
ont eu cours iufques à l'ordonnance de l'année

mil six cens trois , sçauoir les quatre pour vne
reale) à deux deniers deux grains de loy argent
fin,& de octante pieces de poids au marc d'Espagne ; à la charge, *que no se pueda labrar ni labre*
la dicha moneda , sin nuestra especial licencia , y en
la cantidad que por nos sera concedido y mandado :
segun la necessitad que pareciere ser conueniente pa-
ra el dicho vso y comercio.

Tous les Estats, non seulement de l'Europe,
mais de tout le monde , qui tiennent tant soit
peu de reglement en leurs monnoyes , le pratiquent de mesme,& l'ont pratiqué y a plus de
deux mille ans. Les Romains , tres-exacts en la
fabrication de leurs mnonoyes,depuis qu'ils cõ-
mencerent à les regler,ne permirent aux Triumuirs monetaires,mesmes du temps des Consuls,
faire fabriquer de leurs *As,* & autres especes
de cuyure, que iusques à certaine quantité limitée,qu'ils n'osoient exceder,de peur, que l'a-
bondance de telles especes de cuivre ne vinssent
à estouffer & chasser les bonnes especes d'or &
d'argent, tres-necessaires pour la manutention
& conseruation d'vn Estat. Ce qui s'apprend
par leurs mesmes especes, en la plus-part desquelles se treuuent frappez ces deux lettres S.C.
qui signifient *Senatus consulto* ,pour monstrer ,
que la fabrication de telles especes se faisoit
soubs l'authorité & par Arrest du Senat,qui,cõ-
me dit est, limitoit ausdits Triumvirs monetaires leur fabrication,à certaine quantité arrestée: Ayans tres-exactement obserué le diffe-

rend de ces deux lettres iufques au declin de
l'Empire, où lefdites efpeces de cuyure, entre aultres marques & differends, n'ont plus
ces deux lettres S. C. ains au lieu d'icelles,
P. TR. S. qui fignifient, *pecuniam Treuiris figna-*
tam, A. Q. P. S. *Aquileiæ pecuniam signatam, &c.*
qui nous monftre au contraire, que cette fabrication defdites efpéces de cuyure, eftoit renduë
commé ordinaire dans les Prouinces & principales villes de l'Empire, qui fe contentoient d'a-
uoir vn pouuoir general pour la fabrication de
telles efpeces, les marquans du nom des villes où
elles eftoiẽt ouurées. Surquoy ie vous fupplie de
remarquer, Monfieur, vne ou deux belles obfer-
uations: La premiere, que ce deffaut de matieres d'or & d'argẽt dans vn Eftat, monftre peu de
traffic, d'induftrie, & de fertilité en iceluy pour
attirer defes voifins ces bons metaux, pour la
fabrication de fa mõnoye: lefquels moyẽs, quãd
ils manquent à vn Eftat, l'on peut iuger fa ruine
eftrefort proche: cõme il aduint à l'Empire Ro-
main, qui manquoit fur fon declin de tous ces
moyens, pour attirer de fes voifins les fufdites
matieres d'or & d'argent. L'autre obferuation,
qui depend de cette premiere eft, que la fabricatiõ en quãtité des efpeces de cuivre que les mefmes Empereurs faifoiẽt forger dans les principales villes de leur Empire, feruit grandement au
comble de fa ruyne, qui poffible euft peu fe
releuer, par la fabrication & cours d'vne bonne
& forte monnoye: parce que, la plus-part des

Prouinces subjettes audit Empire n'estans remplies que desdites especes de cuyure, les particuliers d'iceluy nepouuoient estre que tres-neces-
siteux, consequemment inhabiles à supporter
de grandes guerres. Ioint qu'en ces necessitez,
tels Estats ordinairement sont abandonnez de
leurs subjects, qui vont peupler ceux de leurs
voisins, où l'or, l'argent, & les commoditez y
sont plus grandes qu'au leur.

Contre cette opinion l'on peut objecter; Premierement, qu'il y a plusieurs especes d'argent
fabriquées du temps des Consuls, qui ont ces
deux lettres S. C. & aultres encores, forgez soubs
vn mesme nom de Triumvir monetaire, & en
mesme tēps, qui ont, les vnes cesdeux lettres S. C.
& les autres le IIIVIR. MONET. & se trouue
aussi quelques especes d'or des Empereurs, cōme de Neron, qui les ont semblablemēt, ou leur
substance; car parfois, ils mettoient EX. S. C.
Toutes lesquelles obseruations monstrent, que
ces lettres S. C. n'estoient pas seulement frappées sur les especes de cuyure, mais aussi sur celles d'argent & d'or. Item, qu'il s'en voit aulcu-
nes de cuyure du temps des Consuls, qui ne les
ont point du tout. A toutes lesquelles obje-
ctions, ie responds, que les especes d'argēt Con-
sulaires, qui ont ces deux lettres S. C. ou leur
substance, monstrent qu'elles estoient ouurées
en l'honneur de quelque particulier, qui auoit
bien merité de la Republique; auquel le Senat
donnoit cette permission, pour quelque acte si-

gnalé fait à icelle, que lesdits Triumvirs faisoiẽt
empreindre sur especes qui auoient cours, & estoient de mesme poids & bonté que les especes
courantes; & qu'à cette cause, telles especes bien
souuent se treuuent marquées E X. S. C. qui
monstre vne permission de fabrication extraordinaire ordonnée par le Senat, oultre celle
que lesdits Triumvirs auoient, qui estoit, de
faire fabriquer de celles d'or & d'argẽt des poids
& bonté qui leur estoit ordonné, aultant qu'ils
pouuoient,& que l'affluence des matieres leur
permettoit,soubs le nom &coing de la Republique : & de celles de cuyure, la quantité seulemẽt
qui leur estoit limitée. Et pour le regard des especes d'argent forgées soubs vn mesme nom de
Triumvir monetaire&en mesme rẽps,qui ont les
vnes le S.C. & les autres le HIVIR.MONET.
parauant qu'en parler,il fait à remarquer ce que
dict Tacite en ses Annales,parlant de ceux qui
estoient condamnez à mort pour crime de leze
Majesté, *Igitur factum est S.C.ne decreta Patrum ante diem decimum ad ærarium defferrentur; idque vt vi-
tæ spatium damnatis prorogaretur,* qui monstre que
lesdits Arrests n'estoient executoires qu'apres
qu'ils auoient esté portez au tresor public. Ce
qui est confirmé par Suetonne en la vie de Iules,
où il dit en terme plus exprés,que sur la proposition faite par le Consul Marcellus, de donner
vn successeur de Lieutenant general d'armées és
Gaules à Iules Cæsar, auant que le temps de sa
charge expirast, ledit Marcellus alleguoit, que

Pompée

Pompée en l'ordonnance qu'il auoit faite sur les droicts & priuileges des Officiers & Magistrats, de ne pouuoir demãder absens,&estans en charge,aulcune prorogation de temps de leursdites charges, n'en auoit mesme excepté Cæsar : adjoustant ledit Suetone, que Pompée auoit fait cette faute par mesgarde & oubliance; & que cette ordõance ne se pouuoit plus corriger,parce, dit-il, *iam in æs incisa, & in ærarium condita erat,* qu'elle estoit ja frappée en cuivre, & resserrée au tresor des Chartes. Et en la vie d'Auguste sur ce mesme subject,il dit encores, *ante paucos quam nasceretur menses* (parlant dudit Auguste) *prodigium Romæ factum publice, quo denuntiabatur, regem populo Romano naturam parturire;* & que le Senat, espouuanté d'vn tel prodige,auoit ordonné, *ne quis illo anno genitus educaretur;* mais que ceux des Senateurs qui auoient leurs femmes enceintes,attirés de l'esperance d'estre peres d'vn tel enfant, *curasse* (dit-il) *ne Senatus consultum ad ærarium deferretur:* De tous lesquels passages ie fay cette induction; Premierement,que les Atrests du Senat n'estoient executoires que apres qu'ils estoient portez ez Archiues ou Tresor public de la ville, & insculpez dans vne table de cuivre, qui estoit gardée par Officiers à ce deputez : forme qui approchoit de la verification de la pluspart des Edicts de nos Princes, qui semblent n'auoir force qu'apres auoir esté leuz, publiez, & enregistrez és registres des Cours souueraines de leur Royaume. Et pour

D

rapporter cette induction au faict que ie traitte,
ie dy, Qu'apres que le Senat auoit prononcé aufdits Triumvirs monetaires son Arrest de permif-
sion de fabriquer monnoye de cuivre, l'auoir fait
porter au Tresor public de la ville, & fait frapper
en cuivre, en ce cas que lefdits Triumvirs monetaires se contentoient seulement de faire
mettre sur lefdites especes de cuyure permises
le S.C. Mais, quand le Senat deliuroit son ARREST
aux particuliers impetrans, sans le faire porter
au Tresor, ny le faire insculper en la table de cuiure, en ce cas, que lefdits Triumvirs monetaires
prenoient lefdits Arrests des particuliers, dont ils
demeuroient chargez, & faisoient mettre sur lefdites especes permises, leurs noms & qualitez
de IIIVIR. MONET. pour tesmoigner
qu'ils estoient, & gardiens d'iceluy, & côme tels
responsables de la fabrication de telles especes
frappées & marquées soubs le nom desdits particuliers. Ou bien l'on peut dire encores, que
quand le Senat auoit donné permission aux particuliers de faire frapper, sur especes de mônoye,
quelque acte signalé par eux faict & rendu à la
Republique, & que les mesmes particuliers, ou
aulcuns de leur famille & heritiers, demandoiet
vne seconde permission de faire fabriquer les
mesmes especes, que ce second octroy & permif-
sion se donnoit par lefdits Triumvirs monetaires, qui en auoient le pouuoir & iurifdiction; lefquels pour ce subject mettoient, sur lefdites especes permises, leur nom de III VIR. MONET.

pour monftrer, que cette permiffion eftoit donnée & emanée d'eux : l'vne & l'autre de ces opi-
nions eftans appuyées de raifons.

Quant eft des efpeces d'or, qui fe treuuent marquées, ou du S.C. ou E X. S.C. comme eft celle de Neron, & autres femblables, ie croy qu'il
ne s'en trouue point de Confulaires, ou s'il y en
a, fauldroit qu'elles fuffent forgées en faueur de
quelque particulier, pour acte fignalé fait à la
Republique, qui meritoit plus grande recom-
penfe d'honneur, que de le faire frapper en argent. Et pour celles des Empereurs, qu'il ne s'en
treuuera gueres que des premieres, lefquels pour
flater le Senat, luy demandoient, fans befoin, cette permiffion, comme particuliers qui auoient
bien merité, bien qu'ils en fuffent plus que fouuent tres-cruels ennemis, principalement ledit
Neron fur la fin de fon Empire : là ou au commancement, pour fe mettre aux bonnes graces
du Senat, il n'ordonnoit ny ne faifoit rien fans
fon aduis & confentement, ainfi que dit Tacite ;
& eft à croire que cette efpece d'or a efté ordonnée durant ce temps. Et pour le regard de celles
de cuivre frappées durant les Confuls, qui ne fe
trouuent auoir ces deux lettres S.C. y a grande
apparence, que telles efpeces ont efté fabriquées
dans Rome, au commancement & foubs le gouuernement des Confuls, & lors que les monnoyes n'y eftoient encores bien reiglées, comme
elles y ont efté depuis ; attendu le long temps,
apres fa fondation, que l'on demeura à la mar-

quer, ainſi que dit Pline: laquelle, cõmança par le
cuivre, ſuiuit par l'argẽt, & acheua par l'or, à meſure qu'ils s'en trouuoiẽt rẽplis plus par leurs armes que par leur traffic. Ou bien l'on peut dire,
que telles eſpeces de cuivre eſtoient frappées par
les Conſuls & autres Lieutenants generaux de la
Republique, lors qu'ils eſtoiẽt eſloignez de Rome, ou que les Armées, ou les Prouinces par où ils
paſſoiẽt, en auoient beſoin & neceſſité: & qu'en
regardant de prez le coing de telles eſpeces de
cuivre, poſſible que l'on trouuera quelque marque ou difference de celles qui eſtoient fabriquées par l'authorité & commandement deſdits Conſuls & Lieutenants generaux deſdites
Armées, d'auec celles qui eſtoient forgées par
Arreſt du Senat, & qui auoient ledit S.C. Cette derniere raiſon, toutesfois, ne me ſemble
ſi forte que la premiere; mais, qui ſe peut rapporter fort à propos au declin de l'Empire, lors
que pendant vne grande neceſſité, & ſans aulcun
fonds, ils portoient leurs armes, & conduiſoient
des Armées és parties de l'Aſie, de l'Europe, &
autres endroicts qui leurs eſtoient les plus eſloignez. Encores adjouſteray-je celle cy, que telles
eſpeces de cuivre peuuẽt eſtre celles qui eſtoient
permiſes auſdits Conſuls & autres Officiers de
ietter au peuple, à la reception de leur Conſu-
lat & Office   Toutes leſquelles obſeruations,
neantmoins, ie ſoubmets tres-volontiers aux
plus ſuffiſants deſdits Antiquaires & Medaliſtes,
auſquels ie ſouhaiterois vn peu plus de ſcien-

ce & cognoiſſance au faiᙁ des monnoyes qu'ils
n'en ont, & ne ſemblent deſirer en vouloir
auoir; je m'aſſeure qu'ils paruiendroient à des
ſpeculations beaucoup plus hautes & plus rele-
uées, que n'ont fait tous ceux qui en ont cy deuãt
eſcrit, qui ne les ont marquées que comme hiſtoire, & non en faiᙁ d'Eſtat, ny de monnoye
vſuelle, l'vne des principales parties deſdites medales & antiques. Examinons ſuccinᙁtement les
cinq articles contenus en ce placet.

Pour paruenir à la fabriquation & cours deſdites medales de cuivre, ledit de Bagarris ſupplie ſa
Majeſté luy vouloir accorder par arreſt du Conſeil; premieremẽt l'ouuerture de deux nouueaux
Hoſtels de monnoye, l'vn à Amiens pour la Pi-
cardie, & l'autre à Troye pour la Champagne;
enſemble la continuation de ceux qui ſont ja
eſtablis à Bordeaux, Nantes, le Pau, la Rochelle,
Lion, Theoulouze, Aix, Dijon, & Paris, à meſure
que le terme de leurs permiſſions de fabriquer
des Doubles au moulin expirera; en payant vn
ſold pour marc de Seigneuriage. Pour bien
regler le cours des monnoyes, il n'y a Eſtat
qui ne tienne, que le moins d'eſpeces de bas
billon ou cuivre que l'on peut auoir, eſt touſ-
jours le meilleur. En France, y a vingt-cinq
ou trente ans que nous auons interdit la fabrication de la menuë monnoye de billon, & au
lieu d'icelle introduit, dans Paris ſeulement,
celle des Doubles & petits Deniers de cuivre fabriquez à la preſſe, qu'anciennement on appel-

loit le moulin, afin de ne nous remplir ſi à coup
de cette menuë monnoye, bien qu'elle ſoit de
petit prix, au regard de celle dudit de Bagarris: lequel, au preiudice de ce que deſſus, veut introduire vnze machines, dans les vnze meilleures
villes de France, qui chacune en vne heure en fa-
briquera plus, que noſtre moulin par la preſſe
n'en ſçauroit expedier en vn iour. A cela il pourroit reſpõdre, que l'on peut luy limiter iuſques à
quelle ſomme l'on voudroit qu'il en fabriquaſt,
meſmes eſtablir quelque ordre pour controoller la quantité de ſon ouurage. Cela auroit quelque apparence, ſi toutes les prouinces de la France n'en eſtoient, dés à preſent, que trop ſuffiſamment remplies, par l'ouuerture & fabrication
de huict ou neuf Hoſtels de monnoye au moulin, qui ont eſté dreſſez & erigez és meilleures
villes de France, en faueur & pour recompenſer
feu Monſieur de Vitry, nonobſtant les remon-
ſtrances de Meſſieurs des monnoyes; leſquels
ſont ſur les termes d'en requerir la cloſture, du
moins en faire interdire la fabrication, comme
tres-dangereuſe à cet Eſtat, attendu la quantité
dont il en eſt à preſent remply : Et, ſur cette ſain-
cte reſolution, nous propoſer ces belles inuen-
tions, pour en moins qu'vn moment nous faire
perdre la vie ſans reſpirer, qu'elle recompenſe debuons nous à tel propoſant ? Venons au
ſecond deſdits Articles.

Par le ſecond, il demande pouuoir de faire fabriquer leſdites Monnoyes medalées, ſur le pied

des Doubles & petits Deniers de cuivre fabriqués
au moulin, du cours de douze deniers, ou du
du moins de fix deniers tournois piéce; & pour
la fomme de foixante & quinze mil liures en
chacun defdits Hoftels de mônoye, durant quatre années fuiuantes & expirantes à mefme iour
qu'elles feront ouuertes, & que ledit de Bagarris
commancera d'y faire trauailler.   Ce fecond
Article eft le plus important de tous, qui eft fabriquer des Efpeces de cuivre d'vn fold, ou du
moins de fix deniers tournois piece, pour la
fomme de foixante & quinze mil liures, en chacun des fufdits Hoftels de monnoye (qui font
vnze en nombre), reuenans toutes les fommes
à huict cens ving-cinq mil liures en efpeces de
cuivre, que ledit de Bagarris demande pouuoir
faire fabriquer en France, l'efpace de quatre années feulement.   Il eft certain, que la raifon
pourquoy l'on tient, que la fabrication en quantité d'efpeces de cuivre, eft vn des plus dãgereux
Affoibliffemens qui fe pratique aux monnoyes,
eft fondée, fur ce que telles efpeces ne valent iamais la moictié, voire le tiers de leur cours; parce que, leur façon, qui eft le braffage, coufte touf-
jours pres de deux tiers plus que le poids de leur
matiere; comme, le poids du marc de cuivre hors
œuure, ne coufte que quatre fols tournois ou
enuiron; & neantmoins ce mefme poids de marc
en œuure de doubles, qui font de foixante &
dix-huict audit marc, eft allouée aux Maiftres &
fermiers des monnoyes pour treize fols tour-

nois,qui font neuf fols,vallans plus que les deux
tiers de perte,que nous faifons fur chacun marc
de cuivre en œuure defdits Doubles; le mefme
eft-il des Deniers. Ainfi,lefdites efpeces de cuiure ne vallans pas le tiers de leurs cours,ne peuuent payer ny receuoir aucun prix auec les bonnes efpeces d'or & d'argent,fans caufer (laiffant
à part les autres inconueniens) vne chetté ou
enchetiffement de toutes fortes de denrées &
viures,comme il aduient toufiours en tels Affoibliffemens. Les regiftres de la Cour des monnoyes font pleins de tels exemples, qui eftoient
fort ordinaires parmy nous y a deux cens ans &
plus. Mais fans les aller chercher en des fiecles
fi efloignez, jettons l'œil fur le defordre qui eft
à prefent aux monnoyes d'Efpaigne, où en l'année mil fix cens trois,ils eftimerent la Reale d'argent de quatre pieces de cuivre,nommées Quartilles,fabriquées tellement quellement au moulin , & du poids de trois deniers ou enuiron
piece ; ce qui a caufé & caufe encores vn fi
grand defordre en Efpagne, que Mariana en a
compofé vn Traicté exprés, *vt pofteri*(dit-il)*noftris
malis caftigati, admoneantur*: la lecture duquel eft
fuffifante d'en auoir horreur,& nous faire appre-
hender le piege où ledit de Bagarris nous veut
precipiter: lequel, fur lefdits huict cens vingt-
cinq mil liures , à quoy reuiendroient durant
quatre années les vnze monnoyes ,à raifon de
foixante & quinze mil liures chacune,nous vol-
leroit, fur le pied feulement de fa permiffion, la

somme de plus de six cens mil liures tournois,
infame latrocinium, turpißimum peculatum ; nous
remplissant, en ce faisant, d'vn million deux cens
trente-huict mil quatre cens soixante marcs de
cuivre en œuure & especes desdites medalles :
& sans y comprendre le droict de Seigneuriage,
dont ie m'asseure qu'il en a ja dōné aduis à quelque Seigneur, moyennant sa quote part, mon-
tant seul à soixante & vn mil neuf cens vingt-
trois liures tournois. Suyuons le troisiéme.

Le troisiéme est, le pouuoir, ou la commis-
sion de fabriquer lesdites Monnoyes en façon
de medalles ; afin de representer en icelles la
parfaicte memoire de leurs Majestez ; y faisant
empreindre, sçauoir en la partie anterieure, qu'il
appelle costé droict, le portraict du Prince ; &
au reuers, la parfaicte memoire de leurs Majestez, qui consiste en leurs histoires augustes. Ce troisiéme article, est plus specieux que
tous les autres ; car, y a-il rien de plus naturel,
principalement aux François, que perpetuer la
memoire de leurs Princes, par histoire, où par
quelque autre acte que ce soit ? Mais que les
monnoyes soient propres à cet effect, qui ne la
peuuent representer que par abregé, ie croy que
peu en seroient d'aduis, considerans qu'elles ap-
porteroient à la posterité plus de confusion que
d'esclaircissement en leur histoire : Comme font
celles des Grecs & des Romains, esquelles les
initiez de nos Antiquaires y lisent bien souuent
des caracteres, & y voyent des figures plus par

imagination que par raifon : reffemblans (ie le
diray fans offenfer le general) à ces enfans qui
regardent les nuës, qui s'imaginent y voir des
ferpens, des cheuaux, des hommes armez, & autres femblables chimeres, lefquels quand ils rencontrent de leurs compagnons qui font de leur
aduis, ils le confirment d'autât plus en leur fens:
Le mefme eft-il de nos Medalliftes, quand ils
trouuent perfonnes, principalemêt de leur pro-
feffion, qui voyent & lifent comme eux, & qui
les flattent en leurs vaines & irrites imaginations, ils s'affeurent dauantage en leurs fanta-
fies, & nous en feruent puis apres comme de
viandes bien delicates & bien apreftées, que les
vns treuuent bonnes, & les autres mauuaifes. Le
meilleur & plus affeuré moyen pour perpetuer
la memoire de nos Princes, maintenant qu'a-
uons l'vfage de l'Imprimerie, eft la plume de nos
Hiftoriens, qui la peuuent eftendre, comme ils
font, en de gros tômes, felon la verité de leurs
belles & louables actiôs, fans la vouloir reftrein-
dre dans moins que le volume de noftre œil, efpace trop petit à la iufte grandeur de leur hiftoire. Les Romains, de qui nous voulons emprun-
ter les medalles, n'ont iamais mieux fait, que
lors qu'ils n'ont point vfé de medalles, ie veux
dire de ces monimês que ledit de Bagarris nous
veut introduire : lequel tombe d'accord, en vn
Traitté qu'il a fait de la neceffité d'icelles, que
l'vfage defdites medalles commença principalement à Tibere, celles qui furent frappées durant

Augufte, n'eftans conceuës que fouz les noms
des Triumvirs Monetaires : dont il eftime en
rendre vne raifon,qui femble neantmoins hors
de toute raifon de monnoye,& qui ne peut eftre
autre, finon que le Senat, fouz ledit Augufte &
fon predeceffeur,fe conferuoit encores vne authorité de les faire ouurer & fabriquer, laquelle
il perdit aux autres Empereurs fuyuans. Et qui
doubte que depuis Tibere, l'Empire n'ait toufiours efté en decadence:ayant grandemēt fleury
fouz les Confuls, s'eftant conferué fouz Iules,
quelque peu accreu fous Augufte & Tibere : &
depuis(fors fouz Trajan qui le releua)eftant def-
cheu peu à peu, iufques à Gallien trente-neufié-
me, ou felon aucuns, quarante-cinquiéme Empereur,qui fut tué durant qu'il affiegeoit Milan,
par vn ftratageme que luy dreffa Martianus &
autres fes complices, en l'an deux cens foixante
& vnze,felon Eufebe: durant l'Empire duquel,
s'efleuerent contre luy iufques à trente Empereurs tirans, que les armées Romaines,efparfes
en diuerfes prouinces de fon Empire, eflifoient
à leur volonté : qui font plus de deux cens cinquante années ou lefdites medalles ont efté
beaucoup plus parfaictes, en plus grand nombre, & plus poifantes que celles ouurées par les
Empereurs Valerian pere,& Gallien fils: qui furent les premiers qui les changerent de coing,&
diminuerent de poids; en forte, que celles qui
eurent cours,& qui furent depuis fabriquées,ne
reuiennent au poids des moindres & plus peti-

tes des premieres:ny les moindres & plus petites
des dernieres, au poids & volume de celles d'argent desdits premiers Empereurs:qui monstre
vn grand Affoiblissement & changemēt de prix
d'especes, sur ce declin d'Empire: cecy meriteroit vn discours tout entier. Seulement ie re-
marqueray, que de cesdites premieres medalles
de cuivre(sans y comprēdre leurs pieces de plaisir qui n'auoient cours pour monnoye) il s'en-
treuue principalement de trois sortes de poids:
de grandes, de mediocres, & de petites ; ces dernieres sont enuiron du volume, & plus poisantes
deux fois que nos douzains, que ie tiens estre
leur *As*; les mediocres, le *Dupondius*, vallant
deux *As*; & les-plus grandes, le *Sesterce*, valant
quatre *As*, lors que leur Denier d'argent auoit
cours pour seize *As* : lequel *Sesterce* pouuoit
bien estre d'argent, & de mesme metail que le
Denier, souz les Consuls & premiers bons Empereurs, & lors que leur Denier n'auoit cours
que pour dix *As*; mais depuis tant de licences,
& de prodigieuses despēses, ie croy & y a grande apparence(attendu que les Affoiblissemens
ne se font gueres que durant les necessitez) que
ledit *Sesterce* commança d'estre forgé de cuiure, lors que le Denier d'argent surhaussa & aug-
menta de prix, & que la fabrication en fust continuée és Empires suyuans, sur le pied de l'*As*.
Toutes lesquelles especes de cuivre auoiēt, ainsi
que i'ay dit, la marque du S. C. pour monstrer,
qu'elles auoient cours pour monnoye, que la

quotité de leur ouurage, par arreſt du Senat,
eſtoit limitée auſdits Triumvirs Monetaires à
certaine quantité qu'ils n'oſoient exceder ; &
que leur fabrication auſſi n'eſtoit en la diſpoſi-
tion, ny au pouuoir deſdits premiers Empereurs, qui auoient leurs pieces de plaiſir à part
(que nos antiquaires appellent Medaillons) ſur
leſquelles ils pouuoient faire frapper ce qu'ils
vouloient eſtre remarqué de leur hiſtoire, pour
ſeruir de moniment à la poſterité: ne leur eſtant
permis les marquer, ou faire marquer de ces
deux lettres S.C. qui eſtoient la vraye marque
& recognoiſſance des ſeules eſpeces de cuivre
permiſes, & ayãs cours entre le peuple du temps
des Conſuls, & premiers bons Empereurs. Ad-
iouſtez à cecy l'vſage de nos deuiſes, dont nous
nous ſeruons , non ſeulement és gettons qui
ſont ouurez pour Meſſieurs du Conſeil, mais
auſſi en nos pieces de plaiſir, ou maintenant, par
abregé, aucuns des Controolleurs generaux des
effigies des monnoyes y ſçauent fort bien repreſenter partie de noſtre hiſtoire, tout ainſi
que les Romains y mettoient la leur ſur leurs
medalles ; que Sebaſtien Erizzo, l'vn de leurs
meilleurs Antiquaires, tient n'auoir eſté forgées
pour monnoye courante ; ains en la meſme façon & pour meſme fin que noſdites pieces de
plaiſir ; & le preuue par vn long diſcours que
chacun peut voir dans ſes liures. La raiſon, en
faict de monnoye, ſemble eſtre pour luy ; parce
que l'eſpece, courante pour mõnoye, doit auoir

ces quatre differences fixes & arreſtées ſans les
changer en aucune façon, ſçauoir le poids, le
cours, la bonté interieure, & encores le coing
ou caractere: autrement, changeant cette derniere, ſans toucher aux autres differēces, le peuple s'imagine par fois des eſpeces meilleures les
vnes que les autres; comme il a fait de nos Eſcus
qui ont vn porc eſpic, leſquels il a touſiours
creu, & croit encores, eſtre meilleurs que les
precedens & ſuyuans, bien qu'ils ſe ſoient trouuez à l'eſſay de meſme poids & bonté: tant cette
difference de coing & de caractere, a de force en
faict de monnoye. Ainſi, la ſuſdite raiſon ſemble
faire grandement pour l'opinion dudit Erizzo,
eſtant à croire que les Romains, ſi iudicieux à
la conſeruation de leur Eſtat, & qui ont touſiours ſi tres-religieuſement obſerué les trois
premieres differences en l'expoſition de leurs
Monnoyes, euſſent negligé la quatriéme, & fait
ouurer des eſpeces de differend coing, s'ils euſſent recogneu que cette difference euſt apporté
quelque changement au cours & en l'expoſition de leurs monnoyes; veu qu'il eſt certain,
que toutes ces Eſpeces d'or, d'argent, & cuyure,
que nous voyons és cabinets de nos curieux,
bien que de coings differens, auoient cours
neaumoins pour monnoye vſuelle & permiſe; &
eſtoient receuës, non ſeulement entr'eux, & au
dedans des prouinces ſubiettes à leur Empire,
mais auſſi par tout le mõde; & qui ont eu cours,
entre nous meſmes, bien auant dans la troiſiéme
race de nos Roys; ce que ie monſtreray quelque

iour,Dieu aydant. Auquel Erizzo,l'on peut res-
pondre, outre les raisons que remarque Eneas
Vicco,qui contredit cette opinion,que le Compte numeraire de leur mōnoye,qui se faisoit sur
le poids de la Liure & ses diminutions,pratiquée
lors par toutes les bonnes Republique & Estats
de ce temps là,estāt different de celuy dont nous
nous seruōs,qui se fait sur vn compte numeraire
d'Especes imaginaires,& receu presque par tous
les Princes & Potentats de l'Europe, retenoit en
ce temps là, & empeschoit cette faulse imagination du peuple,sur la difference du coing & caractere des especes,laquelle ne le retiendroit à present,que nous comptons sur vn prix imaginaire
d'especes,si voulions la pratiquer. Doncques les
deuises,dont nous nous seruons,principalemēt
sur nos pieces de plaisir,approchans grandemēt
de ces moniments d'histoire, dont les Romains
se seruoient en leurs monnoyes, nous deuons,
du moins il nous seroit bien plus vtile,les enrichir de quelque belle inuention,mesmes en faire fabriquer,non seulement de cuivre, mais aussi d'argent, pour en garnir tant de cabinets, &
en fournir tant de curieux qu'il y a en l'Europe,plustost que permettre l'exposition & cours
de ce medalles, qui en fin estoufferoient nos
bonnes especes, & nous precipiteroient dans
vn desordre,d'où il nous seroit impossible en sortir,sans vne perte fort grande,& tres-asseurée. Et
c'est à mon aduis, Monsieur, ce à quoy nous
nous deuons resoudre,qui est;ioignant l'vtile au
plaisant, donner pouuoir à quelque ingenieux

artiſan d'en fabriquer,& qui ait l'induſtrie,par le
profit,accroiſtre l'vſage d'icelles. Ce pouuoir ne
peut eſtre que tres vtile à celuy qui l'entrepren-
dra; car,ſi l'on recherche auiourd'huy auec tant
peine,de ſoin,& de cherté,des figures de papier
en taille douce,ſoit pour la perſpectiue,ſoit pour
la peinture:de côbien recherchera-on d'auantage ceſdites pieces de plaiſir & de cabinet,eſtans
bien élaborées, qui ſeruiront de moniments à
noſtre hiſtoire,& qui ſeront plus plaiſantes,plus
vtiles, plus de durée, & poſſible moins cheres
que les ſuſdites figures de taille doulce ; l'experience & la pratique les mettant en perfection:
Dépeſchons les deux Articles ſuyuants.
    Le quatriéme eſt, le pouuoir de faire deſſei-
gner & grauer les fers neceſſaires,pour le charactere de telles monnoyes, par les Maiſtres &
ouuriers qui ſeront recognus les plus excellens
par Meſſieurs du Conſeil,comme ſeuls Iuges ca-
pables & naturels de cet extraordinaire deſſein,
de ces circonſtances & dependances.   Ce pouuoir eſt de grande conſequence,commettre en
la foy non ſeulement d'●particuller,qui n'aura ny ſerment à Iuſtice,ny aulcune cognoiſſance au faict des monnoyes;mais auſſi és mains
des artiſans , l'vſage & la poſſeſſion des fers neceſſaires pour l'ouurage & fabrication deſdites
medalles,qui auroient cours pour monnoye,
il n'y auroit aucune apparence ; non pas de l'o-
ctroyer ,car ie croy que n'en voudriez delibe-
rer;mais encores,ledit de Bagarris deburoit rougir de

gir de honte de requerir chose ſi inciuile. Meſſieurs des monnoyes vous le ſçauront fort bien
repreſenter, ſi en demandez leur aduis. Ache-
uons le cinquiéme.

Le cinquiéme & dernier, eſt le pouuoir de fabriquer leſdites monnoyes nouuelles en forme
de medales, par vne rare machine à marteau, inuentée exprez pour cet effect, laquelle ſurpaſſe-
ra en tout & par tout celle du moulin. Il deuoit
auoir cómancé par ce dernier article, puis qu'il
dit, que cette rare machine eſt inuentée exprés
pour la fabrication deſdites medalles ; afin d'en
monſtrer ſon vtilité, parauant qu'en demander
l'vſage ez vnze meilleures villes de la France,
comme il fait par le premier de ce placet: Mais,
tant s'en fault qu'elle ſoit expreſſément inuentée pour l'vſage deſdites medales, que ſon autheur, qui eſt Anthoine Ferrier Horloger de
ſon meſtier, non ſeulemēt ne ſe cognoiſt en medalles, mais auſſi n'en feit ny n'en fera iamais, que
ie croy, aulcune profeſſion ; lequel, dés l'année
mil ſix cens huict me la communiqua, & que ie
propoſay à Monſieur le Clerc, premier preſident en la Cour des monnoyes, qui parla audit
Ferrier, & me pria d'y tenir la main. Le princi-
pal vſage de cette machine eſtoit, de tailler, en
perfection de rotondité, des pieces d'vn poids
iuſte, à vn quart de grain pres l'vne de l'autre, ſans
aucune cizaille, & dont il offroit en faire vne
eſpreuue legere à ſes deſpens, pourueu qu'on
l'aſſeuraſt de quelque recompenſe, ſelon le me-

E

rite de son inuention. Ces donneurs d'aduis de
l'année six cens neuf en ayans ouy parler, le furent treuuer, & l'infatuerent de leurs horribles
& specifiques desseins, auec promesses de le faire tout d'or ; leurs desseins s'en estans allez au
vent, la memoire de cette machine est demeurée
en l'air, iusques à present que ledit de Bagarris
nous fait entendre le bruit de ses marteaux. Elle a (oultre ce que dessus) plusieurs autres vsages;
Premierement, de trauailler continuellement,
si l'on veut, sans main d'homme, en luy fournis-
sant seulement des matieres, comme l'on fait
du bled à vn moulin : elle taille ses especes parauant que les marquer, en sorte qu'elles ne peuuent estre moulées, rognées, ny falsifiées en
aucune façon : Ie ne me souuiens de tous les autres, quant à present, qui ne sont rien neantmoins au regard de ce premier, que l'on ne
doibt point laisser perdre.

Sur quoy ie vous supplie de considerer, Monsieur, le danger où nous serions, donnant pouuoir audit de Bagarris de faire forger les susdites
medalles és vnze meilleures villes de la France,
pour la somme de huict cens vingt-cinq mil
liures, durant quatre années entieres & con-
secutiues, qui sont soixante & quinze mil liures
en chacune, veu qu'vne seule de ces machines,
que l'on peut composer de douze, de seize, &
de tant de marteaux que l'on veut, trauaillant
sans intermissio, peut fabriquer en moins qu'v-
ne année lesdites huict cens vingt-cinq mil

liures: A quoy doncques seruiroit audit de Bagarris l'ouuerture de toutes les autres mōnoyes, durant ladite premiere année & les trois suyuantes & restantes, s'il n'auoit, & la volonté & le pouuoir de nous en remplir de dix ou douze fois aultant que la somme qu'il demande? Et ne luy seruiroit rien de dire, que l'on peut luy donner des officiers qui controolleront la quotité de son ouurage; car, oultre que seroit vne charge qu'il fauldroit prendre sur la monnoye, pour les payer: Messieurs des monnoyes tesmoigneront, que tous les Maistres des monnoyes, ausquels l'on donne pouuoir de fabriquer de la menuë monnoye, soit de Liards lors de leur fabriquation, de Doubles ou Deniers de cuyure, excedent tousiours la quantité qui leur est limitée de plus de dix fois aultant: non par vn papier des deliurances, qui est escrit & signé des Officiers, lequel s'en treuue plustost chargé de moins, que de plus; mais par l'intelligence desdits Officiers des monnoyes, qui s'entendēt auec les Maistres ou Fermiers, & commettent plus souuent que tous les iours semblables peculats & recelez, au grand preiudice du Roy & du public. Que ce n'est pas sans grande raison, que nos Peres ont esteint & supprimé l'vsage & la forme de fabriquation qu'auoient, non seulement les Romains, mais aussi tous les anciens Estats, de fondre & mouler leurs monnoyes, & dont les susdits Triumuirs Monetaires auroient esté surnommez par le Iurisconsulte Pomponius, esdi-

geſtes , *lib.* 1. *tit.* 2. *de origine iuris* §. *eodem tem-*
pore, Aeris, argenti, auri, flatores. Et introduit celuy que nous pratiquons à preſent, de ietter en
rayaux, tailler, flatir, recuire, bouër, & monnoyer : parce que, ce premier vſage, ainſi que cette nouuelle machine de grande & prompte
execution, eſt tres-dangereuſe dans vn Eſtar,
quand l'on en veut mal vſer ; par le moyen duquel, en peu de temps, l'on peut faire vn fort
grand mal, plus difficile à reparer qu'à le com-
mettre : là où, par celuy que nous prattiquons, &
receu preſque par tout le monde, il nous faut
quantité d'hommes & de temps, pour la fabrication de quantité d'ouurage de monnoye ; pendant lequel, nous pouuons nous eſueiller du mal
que cette quantité nous feroit, parauant qu'en
deuenions aſſoupis. Cecy eſt de grande conſequence, & plus conſiderable à l'aduenir, que
pour le preſent, où la neceſſité & mauuaiſe volonté ne ſe rencontrent. A ces inconueniens
i'adjouſteray encores cetuy-cy, & finiray, qui eſt ;
Que l'eſtranger, durant que l'on permet la fabrication deſdites Monnoyes de fort bas billon ou
cuyure, ſe met par fois à les contrefaire & imi-
ter ; & ſoit qu'ils s'entende auec nos Maiſtres
de monnoyes ou autres particuliers, nous les apportent, & en enleuent, pour icelles, nos bonnes
Eſpeces d'or & d'argent : Ce qui ſe pratiqua n'y
a pas long temps en Allemagne, où l'on auoit
contrefait & fabriqué les ſuſdites Quartilles de
cuivre, introduites en Eſpagne en l'année mil ſix

cens trois, en si grande quantité, que l'on en
auoit chargé vn nauire de tonnes toutes pleines
d'icelles, qui fut descouuert & arresté au havre
de Dieppe, où en quelqu'autre de ces costes là,
pour de là, le mener & le descharger en Espagne,
qui l'eschappa belle à cette fois.   Il faut que le
Prince vse de cette menuë Monnoye de bas billon ou cuiure, comme fait le sage Sommelier
qui tire du vin de son tonneau, lequel serre la
chanteplure quand sa mesure est pleine: De mesme, le Prince doit fermer ses Monnoyes, du
moins interdire la fabriquation de telles mauuaifes especes, quand ses subjets en sont suffi-
famment remplis; comme ils le sont à present
tres-extremement, & plus encores, s'il se peut
adjouster quelque chose à l'extremité.

Vostre tres-humble & tres-affectionné
seruiteur,   *Poullain.*

Presenté à Monsieur Dolé, ce
iourd'huy 19. Auril 1612.

RESPONSE A L'ADVIS DE

Mᵉ Denys Godefroy, cy deuant Procureur du Roy en la Cour des monnoyes, tendant à empefcher le furhauffement de prix de noftre Efcu, & le reduire à fa iufte valeur: Par laquelle auffi, eft fait refponfe au 3. Chapitre du 6. Liure de la Republique de M. Iean Bodin, duquel cet Aduis eft tiré : Eft monftré, la caufe originaire du furhauffement de prix de noftre Efcu : Et la difference du defordre de furhauffement des Efpeces, qui eftoit en l'année foixante & dix-fept, d'auec celuy qui fe treuue à prefent en nos Monnoyes.

A Monfieur le Clerc, premier Prefident en la Cour des monnoyes.

ONSIEVR, I'ay leu, auec attention, l'aduis de Mᵉ Denys Godefroy, cy deuant Procureur du Roy en la Cour dés monnoyes, tendant à empefcher le furhauffement de prix de noftre Efcu, & le reduire à fa iufte valeur: Belle entreprife à la verité ; mais que ie croy du tout im-

poſsible,ainſi que vous meſme le pourrez iuger
par la cauſe originaire des ſurhauſſemens,que ie
puis dire,auec verité,auoir eſté iuſques à preſent incognuë.

Cet aduis eſt artiſtement dreſſé; Premieremēt
il induit, Que le ſurhauſſement dudit Eſcu ne
vient que de la fabrication des eſpeces de billon,
chargées proportionnément de beaucoup plus
grādes Traittes que le Marc d'or en œuure d'Eſcus,qui eſt l'oppinion de Bodin. Et que pour empeſcher ce ſurhauſſement de prix, faut arreſter
vne bonne Proportion & analogie entre l'or &
l'argent, qu'il ne declare point autrement: Bodin dit,qu'il faut deſcrier le billon,& arreſter les
Eſpeces d'or & d'argent en vne analogie & correſpondance de poids & bonté: Et là deſſus ledit Sieur Godefroy fonde ſondit Aduis, & dit,
que ceſte Proportion en œuure de l'or à l'argent
& billon tant deſirée, que l'on iugeoit impoſſible y a 35. ou 40. ans, ſe rencontre & ſe trouue
maintenant en la fabriquation des monnoyes
d'or, d'argent, & billon: Et ſe preſente,dit-il, vne
belle occaſion de s'en ſeruir,qui eſt, de reprendre l'ordonnance 77. Faire que les 3. Liures vallent l'Eſcu, auec Proportion & analogie entre
l'or, l'argent, & billon: D'autant adiouſte-il au
17. article de ſon Aduis,que la Liure,eſt nom de
poids,& non vn nom de nombre de pieces; &
qu'il faut referer ce compte de la Liure (à l'exemple de nos voiſins)au poids d'or & d'argent; &
en ce faiſant,abolir le nom de Liure referré au

nombre de Douzains, & fubroger le compte à liures de Gros d'argent, & de haute loy à 11. deniers de fin, & reduire les 24. Douzains de la monnoye cy deuant forgée, à trois Gros & vn tiers d'argent à ladite fabriquation.

Voilà fon Aduis; qui eft en effect, reuenir au Pied de l'ordonnance 77. prifer l'Efcu 10. Gros d'argent, & la Liure 3. Gros & vn tiers. En exprimant lequel, y a beaucoup de paroles qui meritoient vne explication plus particuliere, & beaucoup de circonftances auffi que l'autheur ne deuoit auoir obmifes, aufquelles l'on y pourroit refpondre plus precifément. Comme, il ne declare point, que vaudra chacun de ces Gros d'argent; car, fi la Liure vaut 24. de nos Douzains, le Gros en ce faifant vaudra 7. Douzains & 1. cinquiéme, qui feroit vn Compte rompu, lequel on doit toufiours euiter en vn bon Reiglement de monnoye : ny ne fpecifie pareillement, le pied de fefdits Gros, de combien ils feront de taille au marc, de quelle bonté, quelles moindres efpeces ils auront au deffoubs d'eux : Item, quel cours aurôt nos Quarts-d'efcus, pieces de Vingt fols, Teftons, & autres efpeces, à l'efgard du prix de fefdits Gros ; qui font toutes particularitez tref-neceffaires, que ledit Sieur Godefroy ne deuoit auoir obmifes en la declaration de fondit Pied & nouueau Compte.

Or, en cet aduis ie ne m'arrefteray, qu'au Pied de l'ordonnance 77. que l'autheur defire reprendre : au compte Gros d'argent, qu'il veut introduire: respondray aux raisons sur lesquelles il fonde ce Compte: &, en consequence d'icelles, au 3. Chap. du 6. Liure de la Republique de M. Iean Bodin: monstreray la difference de leurs Aduis, d'où l'vn & l'autre estiment venir le surhaussement de prix des especes, principalement de celles d'or: conclueray, par la cause originaire desdits Surhaussemens: puis fèrmeray cette Response, par la difference du desordre de surhaussement des especes, qui estoit en l'année 77. d'auec celuy qui se treuue à present en nos monnoyes.

En l'année 77. le Conseil estant à Poictiers, le Roy interdit le Compte à Sols & à Liures, à cause de son instabilité, composée de vingt sols, le sold estant suject à vne diminution de bonté, selon le surhaussement de l'Escu, qui valoit 4. 5. 6. & 7. liures: Non que l'Escu se payast à cette raison en espece de Sols, mais les debteurs le faisoient malicieusement courir à ce prix, afin de moins payer & s'acquitter, ou acheter des simples gens les choses de tout temps eualuées à Liures. En faisant laquelle interdiction, ledit Sieur ordonna le compte à Escus, & parties d'iceluy; lequel a continué iusques en l'année six cens deux, qu'il a esté interdit, & celuy à Sols & à Liures remis; sans neantmoins changer le Pied & Proportion obseruée entre l'or & l'argent arrestée par ladite Ordonnance 77. qui estoit & est encores de vnze marcs & vn sixiéme ou enuiron: Laquelle, ie soustiens impossible

d'estre à present obseruée; attendu que depuis
ce têps, la plufpart des Princes voifins de la France, l'ont chāgée & hauffée par nouuelles ordonnances: ainfi que ie l'ay prouué par vn difcours
prefenté à Monfieur de Suilly, en l'année 1609.
où ie monftre, que ces dôneurs d'aduis de ladite
année, n'entendoiët la Proportion de l'or à l'argent: que c'eft que Proportion: qu'elles eftoient
lors fes differences obferuées par la plufpart des
Princes voifins de la France: comment elle y a
changé: & conclu, que fi voulions nous opinia-
ftrer à ne la garder que vnziéme & vn fixiéme,
nous affoiblirions nofdites efpeces d'argent; &
ferions que pour 60. fols en Compte numeraire
de monnoye, receurions és payemens que l'on
nous fait, vne Realle d'argent moins, ou enuiron, que ceux qui l'obferuent douziéme; & deux
& trois Reales moins, que ceux qui l'obferuent
treize & quatorziéme.

Que fi ledit Sieur Godefroy fe vouloit targer
de l'Aduis de voftre compagnie, donné & prefenté à Meffieurs du Confeil, auparauant la conference de Fontaine-bleau, tenuë en l'année fix
cens neuf, de reuenir à l'ordonnance foixante
& dix fept: l'on luy pourroit refpondre, que ie
ne croy pas, (maintenant que la plus-part des
Princes voifins de la France ont, depuis voftredit
Aduis, augmenté leurdite Proportion iufques
à plus que douziéme) qu'elle vouluft encores
infifter à ne la garder que vnziéme & vn fixiéme
feulement.

Ainſi, l'ordonnance 77. confirmée par celle de ſix cens deux, ne pouuant ſubſiſter, à cauſe de la Proportion vnziéme & vn ſixiéme qu'elle garde à preſent, bien differente de celle que nous ſommes obligez d'obſeruer, que deuiendra l'Aduis dudit Sieur Godefroy, qui fonde ſur le Pied de cette ordonnance, vn compte à Gros d'argēt, que ie vous vay depeſcher?

I'ay eſté & ſeray touſiours ennemy tres-rigou-reux de l'introduction des nouueaux Comptes de monnoye, & abolition des vieux & anciens, comme choſe autant ou plus pernicieuſe à vn bon reiglement de monnoye, que les Affoibliſſe-mens meſmes : Car, par les Affoibliſſemens, l'on diminuë bien le fin de poids des eſpeces, & pre-iudicie-on grandemēt aux Seigneurs, Officiers, & autres qui viuent de leur reuenu, & ont des cens & rentes à receuoir, en ce qu'ils ſont dimi-nuez à proportion de l'Affoibliſſement; mais ces Affoibliſſemens encores, n'alterent ny ne heur-tent iamais tant l'imagination du peuple, qui eſt groſſier, comme fait vn changemēt de Compte, plus difficile à pratiquer entre perſonnes ſimples, qu'à receuoir vne eſpece affoiblie, qui retiēt ſon caractere & ſon nom. Mais quand ces nouueaux Comptes n'apportent aucun profit en leur in-troduction, c'eſt lors que l'on s'y doit plus ver-tueuſement oppoſer. Examinons l'vtilité de ce-luy-cy.

Nous comptons à preſent ſur vn compte à Sols & à Liures, receu & pratiqué en France dés

& auparauant le regne de Charlemagne, i'en ay
des paſſages bien exprés, pris des Hiſtoriens du
temps: nos loix Saliques, Bourgongnes, Bayoai-
res, Ripuaïres, & autres, en ſont toutes pleines; les Capitulaires de Charlemagne, & autres
Ordonnances de ſes ſucceſſeurs le peuuent teſ-
moigner; & le puis encores confirmer par vne
infinité de Chartes de nos Roys, & autres particuliers, portans donation de cens & rentes,
enoncées ſur ce Compte, à des Monaſteres &
Communautez de France, où elles ſont tres-ſoi-
gneuſement gardées en leur Treſor. A quel
propos doncques de changer ce Compte introduit, & receu en France comme de temps immemorial, fans vne vtilité fort apparente & ſenſible? D'vtilité, ie n'y en voy point; Car, ſi ledit
Sieur Godefroy vouloit inferer: tout ainſi, que
le compte à Eſcus introduit en l'année 77, arre-
ſta le ſurhauſſement de prix des eſpeces d'or &
d'argent, & fit conſeruer cette Ordonnance en
ſon entier l'eſpace de quinze ou ſeize ans, &
plus; de meſme, que l'introduction de ce nouueau compte à Gros d'Argent, arreſteroit premierement le ſurhauſſement de prix de noſtre
Eſcu, & feroit que l'Ordonnance qui ſeroit dreſſée ſur iceluy, demeureroit vn long temp, en
ſon entier, ſeroit vne tres-mauuaiſe conſequence, fondée (faut que ie le die) ſur vne vaine imagination. Car, ce qui arreſte le ſurhauſſement de
prix des eſpeces, & fait conſeruer & durer longuement vne Ordonnance des monnoyes, eſt

premierement, quand en son establissement, les
Traictes & Remedes sont tellement esgalées,
que les especes ne se sur-achettent les vnes les
autres, ce qui est de la science de la Cour des
monnoyes : Et quand aussi, l'on establit vne
bonne Prpportion entre l'or & l'argent, auec
celle de ses voisins, soit commune ou autre, que
l'on iuge necessaire à sa Prouince. Ces conside-
rations furent tres exactement obseruées en ladite année 77. Car, pour le regard de l'égalité
des Traittes des especes d'argent de differentes
loix, comme estoient les Quarts-d'escus, pieces
de Vingt sols & autres, elles furent arrestées en
telle façon, que le fin d'argent de la piece de
Vingt sols, ne fut pas chargée de vne vingt-
troisiéme partie de Denier de Seigneuriage, plus
que le fin d'argent du Quart-d'escu; ny les autres
especes à l'equipollent, autant qu'il se peut. Et
pour le regard de l'establissement & choix de
sa Proportion, encores qu'autresfois ie l'aye
amplement demonstré, ie le repeteray icy succinctement.

La France, du costé de Midy tirant vers l'Oc-
cident, à l'Espagne (ie laisse l'Italie, pour estre
regie de tant de Princes souuerains qui font battre monnoye, que quand ils auroient volonté
de nous mal-faire, il seroit bien difficile de les
empescher; mais c'est vne Maxime en faict de
monnoye, que tous Princes & Estats qui veulent enrichir leurs subjets, & entendent bien le
faict des monnoyes, visent tousiours aux Enfor-

ciffemens & bons reiglemens d'icelles, & con-
fequemment ne peuuent guiere nuire à leurs
voifins) du cofté d'Orient, elle a l'Allemagne,
la Lorraine, & autres Prouinces adjacentes: &
du Septentrion, les Pays bas, les Eftats de Holande & l'Angleterre. En l'année 77. l'on eut
efgard à la Proportion obferuée diuerfement
par chacun de ces Princes fouuerains, & l'efta-
blit-on commune entre eux tous. Premierement l'Efpagne, fuyuant fon Ordonnance 1566,
gardoit lors vne Proportion plus que douziéme, fon Piftolet ayant cours pour 400. Marauedis, & fa Realle pour 34. feulement. L'Allemagne gardoit vne Proportion vnziéme & plus,
ainfi que difent Agricola & Budellius; les Pays
bas, & Eftats de Holande, font Prouinces def-
reiglées en faict de monnoye, fur lefquelles il eft
fort difficile d'affeurer vne Proportion, n'ayant
peu recouurer leurs Ordonnances de ce temps-
là; & l'Angleterre, du regne de la feuë Royne
Elizabet, ne l'obferuoit que dixiéme: La France, par ladite Ordonnance foixante & dix fept,
l'arrefta vn peu plus que vnziéme, plus baffe que
l'Efpagne, pareille à l'Allemagne, & plus haute
que l'Angleterre : afin de tirer fon argent de
l'Efpagne, comme elle feift, & fait encores par
le moyen de la vente de fes marchandifes; faire
courir fes monnoyes d'argent, pareilles en bonté à l'Empire; & meilleures & plus fortes que
celles d'Angleterre. Or, tant & fi longuement
que lefdits Princes ont gardé les fufdites Pro-

portions en leurs Prouinces, l'Ordonnance soixante & dixsept s'est conseruée ; parce que la Proportion vnziéme qu'elle auoit choisie & retenuë, estoit commune auec tous les susdits Princes. Mais quand par nouuelles Ordonnances, ils ont commancé à changer leursdites Proportions, l'Ordonnance soixante & dixsept a commancé pareillement à estre alterée ; les Especes d'or ont surhaussé, parce que l'Archiduc, les Estats de Holande, l'Allemant, l'Espagnol & l'Anglois, par Proportions beaucoup plus hautes qu'ils ne gardoient auparauant, les ont surhaussées de leur prix. Ce n'est donques le Compte à Escus, introduit en l'année soixante & dixsept, qui arresta le surhaussement de prix de nos especes ; ains, l'égalité des Traittes, & la bonne Proportion de l'or à l'argent, qui fut lors choisie & arrestée auec ses voisins.

Quelle vtilité doncques receurons-nous de ce Compte à Gros d'argent, estant dressé sur le Pied de l'Ordonnance 77 par laquelle nous obseruons vne Proportion differente à celle que nous sommes obligez de garder à present, à cause du changement qu'en ont fait nos voisins par Ordonnances, publiées depuis ladite année soixante & dixsept ? Mais quand cedit Compte seroit dressé sur vne bonne Proportion receuë & approuuée de tous nos voisins, quel profit nous en reuiendroit-il de l'establir ? Voyons les raisons de l'Autheur, dont son Aduis est muny depuis le premier article, iusques au quatorziéme.

Ez deux, trois, quatre, cinq, six, sept & huictiéme articles de sondit Aduis; il remarque,
outre les quatre causes du surhauffement de prix
de nostre Escu (qu'il dit auoir remarquées ailleurs) qui sont, sçauoir la premiere, L'abolition
du compte à Escus, & introduction de celuy de
la Liure, par l'Ordonnance six cens deux; La
deuxiéme, la permission du couts des Especes
estrangeres par ladite Ordonnance; La troisiéme, l'exposition ou tollerance des Especes rognées & diminuées de leur iuste poids : Et la
quatriéme, l'exposition des Especes de billon
estrangeres qui ont cours en France, és Prouinces limitrophes & voisines dudit estranger; ledit
Sieur Godefroy, dis-je, en remarque vne cinquiéme, qui est, la Disproportion en œuure des
Especes d'or, à celles d'argent & billon ; le Marc
d'argēt, le Roy en œuure de Douzains, estāt chargé de plus grande Traitte, que le Marc aussi d'argent le Roy en œuure de Quartz-d'escus; & les
11. ou 12. Marcs d'argent en œuure de Quarts-
d'escus, plus que le Marc d'or en œuure d'Escus.

Quant à la premiere cause du surhauffement
de prix des especes, qu'il dit estre l'abolition du
Compte à Escus, y a esté suffisamment respondu; ayant monstré, que le surhauffement de nostre Escu, & alteration de l'Ordonnance 77. venoit de ce que les Princes voisins de la France
auoient hauffé leurdite Proportion, depuis ladite année 77. c'est à dire, que par leurs dernieres Ordonnances ils ont donné vn plus grand
                                                    prix

prix à leurs especes d'or (qui est les estimer auec
plus grande quantité d'especes d'argent) qu'ils
ne faisoient au temps de ladite Ordonnance 77.
Les deux, trois, & quatriémes, qui sont, la permission des especes estrangeres, l'exposition des
especes rognées, & le cours des especes de billon estrangeres és prouinces limitrophes, peuuent aussi ayder au surhaussemēt des Especes de
la Prouince ; mais, qu'elles en soient la cause originaire, il n'y a aucune apparence de le croire,
pour les raisons que ie diray cy apres.

Et pour le regard de la cinquiéme cause, qui
est la Disproportion en œuure des especes d'argent & billon, à celles d'or, laquelle ledit Sieur
Godefroy tient estre le seul motif du surhaussement de nostre Escu, voulant, pour y remedier,
establir vn compte à Gros d'argent, & ~~introdui~~ *interdive*
~~re~~ celuy à Sols & à Liures, ie m'y arresteray dauantage, d'autant que c'est l'Aduis de Maistre
Iean Bodin (sur lequel ledit Sieur Godefroy
semble se fonder) qu'il dressa premierement, &
feist imprimer en l'année 1566. dans sa responce
aux Paradoxes du sieur de Malestroit : & depuis en
a composé mot pour mot, le 3. chapitre du 6. liure de sa Republique : qui a seruy, & sert encores à present de charme, pour enfasciner tous
ceux qui sans maistre se veulent rendre sçauans
au faict des monnoyes : & a engendré en son
enfance, adolescence & aage de maturité, non
seulement nos donneurs d'Aduis qui ont paru
en l'année six cens neuf ; mais aussi presque tous

ceux qui ont escrit du faict des monnoyes, depuis l'impression de la susdite Response.

Donques en ce chapistre, commençant par son intitulation, Bodin dit. *Que le moyen d'empescher que les monnoyes ne soient alterées de leur prix, est d'ordonner qu'elles soient de metaux simples, & publier l'Edit de Tacite Empereur de Rome, portant deffenses, sur peine de corps & de biens, de mesler l'or auec l'argent, ny l'argent auec le cuyure.* Ces paroles n'estans qu'vne simple proposition qui ne concluët point, côme ce chapitre en est tout remply, aussi peuuët elles aysement estre destruites par exemples. Prenons l'Espagne, ou du moins, depuis cinquante ou soixante ans en çà, elle trauaille de metaux simples, sçauoir de Pistolets à 22. Carats d'or fin, & de Realles à 11. deniers 4. grains argent fin; & neaumoins, lesdits Pistolets ont bien augmenté de prix, sans changer leur poids ny bonté interieure. En l'année 1557. par ordonnance donnée à Valladolid, ledit Pistolet eut cours pour 350. Marauedis, la Realle d'argent demeurant au prix de 34. seulement : En l'année 1566. par autre Ordonnance donnée à Madrid au mois de Nouembre, ledit Pistolet fut surhaussé de 50. Marauedis : & depuis peu encores, par Ordonnance de l'année 1609. luy a esté donné cours pour 440. Marauedis, sans augmenter le prix de ladite Realle, qui est à peu pres du poids & bonté interieure dudit Pistolet. Et Moya, en son *Manual de Contadores*, imprimé en Espagne, en l'année 1589. dit encores, que les ducats d'Espagne, simples, doubles, & de quatre, valent par estimation beaucoup d'auantage que par ordonnance. De mesme est-il de l'Angleterre, la feuë Royne fit fabriquer des Elizabet, ou liures Sterlins, appellées en leur langue *Pund*, à 22. Carats d'or fin, & des Schelings, à vnze deniers d'argent fin, reuenans au poids par leurs diminutions les vnes aux autres; & toutesfois, lesdites especes d'or n'ont laissé d'augmenter de prix. Iacques 1. du nom, Roy d'Angleterre à present regnant, par son Ordonnance de l'année 1604. surhaussa le prix, & diminua le poids desdits Elizabet d'or, & leur donna le nom de Iacobus, qu'elles retiennent auiourd'huy, sans toucher au poids, bonté interieure, ny prix desdits Schelins d'argent. Et encores, par ordonnance du mois de Nouembre 1611. ledit sieur a augmenté le cours de sesdits Iacobus d'vn dixiéme, plus qu'ils ne courroient par sa precedente ordonnance, sans toucher au Pied (qu'il appelle Banniere) desdits Schelings d'argent. Ainsi, de s'imaginer que la fabriquation des especes d'or & d'argent, de metaux purs & simples, & de poids & bonté interieure semblables les vnes au autres, soit vn bon moyen pour empescher le surhaussement de prix d'icelles (principalement celuy des especes d'or) ce n'est qu'vne proposition aisée à destruire par tels exemples, si l'on ne les fortifie de bonnes raisons: Cherchons-les, au reste de ce Chapitre.

Or le fondement de tous les faux monnoyeurs,
(dit-il sept ou huict lignes au dessous) laueurs,
rogneurs, billonneurs, & des escharcetez & foibla-
ges des monnoyes, ne vient que de la meslange qu'on
fait des metaux ; Car on ne sçauroit supposer vn me-
tail pur & simple pour vn autre ; à cause, de la cou-
leur, du poids, du corps, du son, & de la nature d'vn
chacun, differente des autres.

Cette proposition a trois chefs. Le premier,
que le fondement de tous les faux monnoyeurs,
laueurs, rogneurs, billonneurs, & autres, ne
vient que de la meslange qu'ils font des metaux.
L'autre, que les escharcetez & foiblages des
monnoyes, ne viennent pareillement que de
cette meslange. Et le troisiéme, que l'on ne
peut supposer vn metail simple, pour vn autre, à
cause, de la couleur, du son, & autres semblables
accidens.   Quant au premier, qui doute que
le fondement des faux monnoyeurs, rogneurs,
& autres semblables personnes, ne soit la falsi-
fication, alteration, & meslange de cuivre qu'ils
mettent és bonnes especes d'or & d'argent :
C'est vn mal qui n'est point noueau, qui a tousjours esté & sera en toute Republique, de rogner le poids, & falsifier la bonté interieure des
especes ; & comme commun, ne peut gueres
plus nuire en vne Prouince, qu'en l'autre, sinon en tant qu'il y en peut auoir d'auantage :
Mais, pour cela, que les Officiers des monnoyes
ne rendent & ne fabriquent les especes d'or &
d'argent du poids & bonté interieure, qu'elles

doiuent estre par ordonnance, ie croy qu'il n'y
a aucun qui en doute? Encores, que par le secõd
chef de sadite proposition, il dit, que le fondement des foiblages & escharcetez des monnoyes, ne vient que de la meslange desdits metaux ; qui est vne pure ignorance , excusable
neantmoins en l'autheur, qui n'estoit versé au
faict ny en la practique des monnoyes. Car, il n'y
a celuy qui ne sçache, que le fondement desdits
foiblages & escharcetez des especes , est l'incertitude de la science d'allayer & mesler bien
au iuste lesdits metaux à la bonté interieure que
l'on les desire : Comme, le fondement des foiblages, est la difficulté aussi de les tailler & coupper d'vn poids iuste ; car, encores qu'vn grain de
poids soit peu, si est-ce qu'vn demy , voire vn
quart de grain, sur vne quantité d'especes, est
beaucoup, principalement à l'endroit de vous
autres Messieurs, qui estes tres-exacts , comme
le deuez, és iugemens desdites especes de monnoye. Et pour le regard du troisiéme chef, que
l'õ ne peut supposer vn metail pur & simple, pour
vn autre ; à cause, de la couleur, du poids, du son,
& autres accidens qu'il y remarque : Combien se
treuuent-ils d'Alchimistes qui sçauent si parfai-
tement teindre les bons metaux, qu'il est comme impossible d'en pouuoir cognoistre la bonté, que par la copelle. Il y a quatre ou cinq ans
qu'vn certain d'entr'eux , voulant affronter vn
honneste homme, promettoit luy enseigner, en
fondant vn marc d'or & vn marc de cuivre en-

semble , & y meslant quelque drogue qu'il ne
vouloit declarer, faire vn lingot de deux marcs
d'or fin, qui seroit de la couleur, du poids, du
corps,& si bon,qu'ille dōneroit à porter essayer
aux orfevres ; moyennant deux mil Escus de
salaire qu'il demandoit. Et estant interrogé,si la
multiplication de l'or qu'il entendoit faire par
la mixtion du cuivre, seroit à l'essay de la copelle ; il dit que non, recognoissant que c'estoit
chose impossible : mais, qu'il n'y auoit qu'en
France, où l'on essayoit l'or,au feu & à l'eau
forte ; qu'en Allemagne , les Orfebvres n'en
faisoiēt essay que sur la pierre,par les touchaux.
A quoy luy fut respondu, que ce qu'il promettoit faire n'estoit or,puis qu'il ne pouuoit en-
durer l'essay du feu ; & que la premiere qualité
de l'or & de l'argent estoit d'estre incombusti-
bles , sans diminution de leur fin,quand ils sont
parfaits : la seconde, malleables, & autres qualitez que l'on luy dit. Que cet or imaginaire,
n'estoit qu'vne teinture & vne couleur qu'il
donnoit au metail,qui deceuoit l'œil & le faisoit paroistre ce qu'il n'estoit pas. Il est donques possible,contre l'Aduis de Bodin , de supposer la couleur,le poids,& autres accidens d'vn
metail,pour l'autre : puis que celuy-cy en auoit
la science, qu'il offroit monstrer pour de l'argent. Suyuons l'examen de ce Chapitre.

Au quatre ou cinquiéme fueillet suiuant
il adiouste; *Mais il est impossible d'arrester le prix*
des choses, retenant le billon,qui est par tout different

& inegal : Car, tout ainſi que le prix de toutes choſes diminuë, diminuant la valeur des monnoyes, comme dit la Loy ; auſſi croit-il en augmentant le prix des monnoyes. Et faut qu'il croiſſe & diminuë, puis qu'il n'y a Prince qui tienne loy de billon eſgale aux autres Republiques, n'y en la ſienne meſme : d'autãt que la loy du Sold, eſt differente à celle des Teſtons ; & la loy des petits Deniers, & Liards, à celle des pieces de ſix & trois blancs, qui ne demeurent guieres en meſme eſtat. Aucuns de ces Antecedens ſont veritables ; mais, il cõclud & les induit fort mal. Car il eſt tres-vray, que le prix de toutes choſes diminuë, à proportion du cours & valeur des mõnoyes ; & que toutes choſes auſſi augmentẽt de prix, à meſure que le cours & valeur des monnoyes augmente & ſurhauſſe. Et pleuſt à dieu que Meſſieurs du Conſeil euſſent touſiours eu cette verité bien empreinte en leur memoire, ils n'auroient eſté ſi prompts à conſentir l'augmentation du prix des eſpeces, comme ils ont fait, il n'y a que trop long tẽps ; & l'Autheur meſme n'euſt dreſſé ſa Reſponſe contre ledit ſieur de Maleſtroit, ny cõſequemment cedit chapitre, s'il euſt bien entendu cette Maxime, & l'euſt recognuë autant veritable qu'elle eſt ; pouuant ſeule ſeruir de defenſe & d'apologie auſdits Paradoxes ; mais ſuyuons noſtre piſte. Il di donques, qu'il eſt impoſſible d'arreſter le prix des choſes, retenant le billon, qui eſt par tout different & inegal : & faut (adiouſte il) qu'il croiſſe & diminuë, puis qu'il n'y a Prince qui tiennet loy de billon eſgale aux autres Re-

F iiij

publiques, ny en la fienne mefme. Ie croy que
foit icy la pierre de fcandale, qui a fait chop-
per tous nos donneurs d'Aduis de l'année fix
cens neuf; Car, Bodin femble inferer par tout
ce texte & autre fuyuant, que la difference &
inegalité de bonté qui eft és efpeces de mefme
metail, ne change point leur prix & valeur entre le peuple; c'eft à dire, que les efpeces d'argent de differentes loix & bontez, que les Princes font fabriquer en leurs Prouinces, eftans à
peu pres de mefme poids, ont cours entre fes
fujects, & s'expofent pour mefme prix & valeur
les vnes que les autres : & qu'en ce faifant, cette
inegalité de bôté qui eft efdites efpeces de mefme poids, fait encherir, & empefche que l'on
ne puiffe arrefter le prix de toutes chofes. Qui
eftoit auffi l'opinion de feu Monfieur de Fret-
nes Canaye Confeiller d'Eftat, lequel fouftint
en plein Confeil, vous Monfieur & aucuns de
voftre compagnie prefens, qu'il n'y auoit point
d'argent de different prix; & qu'vn marc d'argent, bien qu'il fut meflé de cuivre, eftoit autant eftimé qu'vn marc d'argent fin : ce que l'on
ne luy peuft iamais diffuader, tant il eftoit en-
fafciné par cefdits donneurs d'Aduis, & poffible confirmé par le texte de ce Chapitre. Et à
la verité, ce doubte eftant leué, cette vaine &
fantaftique opinion de la meflange & alliage
de cuivre auec les bons metaux, comme caufe du furhauffement de prix des efpeces, s'en va
en fumée. I'en feray icy vne fuccincte demon-

ſtration en faueur des moins initiez, & de ceux
qui en pourroient eſtre preuenus, auſquels ce
diſcours pourra tomber, priſe des Ordonnances de tous nos voiſins, commençant par l'Eſpagne. En la Loy 5. Tiltre 21. du Liure 5. de la
nouuelle Recopilation des Ordonnances d'Eſpagne, eſt porté; *Ordenamos, que en todos nueſtros*
Reynos vala vn marco de plata, de ocho onças, y de
ley de onze dineros y quatro granos, ſeſenta y cinco
Reales, ò ſu valor: y à eſte reſpeto la plata de mas
ley, y de menos ley. Ainſi par cette ordonnance,
qui eſt de Ferdinand & Yſabelle, donnée à Me-
dine en l'année 1497. & qui s'obſerue encores
à preſent, eſt ordonné; que le Marc d'argent
de 8. onces, & à 11. deniers 4. grains de bonté
interieure, vaudra 65. Reales ou leur valeur;
& l'argent de plus grande ou moindre bonté, à
l'equipolent: Le meſme ſe pratique pour l'or;
voyez Arphé, Grand Eſſayeur de la Mõnoye de
Segouie, en ſon *Quilatador* ou Carattier, ſur le Liure 5. de ladite nouuelle Recopilacion. En la
Duché de Milan, par la derniere Ordonnance
des monnoyes, faite par Iean de Velaſco Con-
neſtable de Caſtille, Gouuerneur dudit Duché
pour le Roy d'Eſpagne, publiée l⟨...⟩5. Auril
1611. apres auoir rapporté le prix des eſpeces d'or
& d'argent d'Eſpagne, Milan, Rome, Sauoye,
& autres, permiſes par ladite ordonnance, à
raiſon du poids & du fin qu'elles tiennent, il
adiouſte; *Intendendoſi però ſempre, ehe tutte le ſo-*
praſcritte monete, ſiano del giuſto peſo di ſopra no-

*tato; con expreſſa conditione, che, ſe d'alli aſſagi che
ſi faranno nell' auuenire, ſi verra in cognitione che
da alcune d'eſſe Zecche ſia fatta alteratione nel' peſo,
ò bontà d'elle monete, ſarà la tal Zecca incontinente
publicata, del tutto eſcluſa, & non ammeſſa frà le altre.*
Qui monſtre qu'ils n'ont eſgard audit Duché,
qu'au poids, & à la bonté interieure que tiennent leſdits Eſpeces permiſes; puiſque le cours
qui leur eſt donné, n'eſt qu'à condition, que ſi
elles viennent a eſtre diminuées de leur poids
ou bonté portez par la ſuſdicte Ordonnance,
que telles Eſpeces ſeront deſcriées, & tel hoſtel
de Monnoye publié. L'Archiduc, en ſes pays,
obſerue le meſme; Par ſa derniere Ordonnance
des Monnoyes, du 22. Mars 1611. art. 4. il dit; *Et
afin, qu'vn chacun puiſſe auoir facile cognoiſſance des
pieces d'Or & d'Argent qui ſont miſes à prix, & tolle-
rées par cette noſtre preſente Ordonnance, nous voulons, qu'au pluſtoſt ſoient imprimées les figures d'icelles,
auec la declaration de leur poids & prix, ſelon leur valeur intrinſeque: à quoy nos Generaux des monnoyes
tiendront la main &c.* Le Roy d'Angleterre, par
ſa derniere Ordonnance auſſi des monnoyes
donnée à Neuf Marché le 23. Nouembre 1611.
L'Eſlecteur Frideric Comte Palatin du Rhin,
par la meſme donnée à Heydelberg le 1. May
1608. confirmée par vne Diette tenuë à Vuormes le 4. Mars 1609. entre Iean Schueikhardt
Archeueſque de Mayence, Lothaire Archeueſque de Treues, Erneſt Archeueſque de Co-
loigne, & ledit Frideric Côte Palatin du Rhin,

tous Eslecteurs dudit Empire, en laquelle apres
auoir fait assembler bon nombre de leurs Officiers, Bourguemaistres, Marchans & autres,
ils donnent semblablemēt prix à leursdites especes & aux estrangeres, à raison du poids & de
la bonté interieure dont elles sont. Mais sans
aller chercher la preuue si loing, qu'ils voyent
s'ils leur plaist, les Ordonnance de France faites sur les Monnoyes, & imprimées depuis
cent ans & plus, ils cognoistront que tousiours
l'on a donné prix aux Especes, à raison de leur
poids & bonté interieure, & sur le prix des Marcs
d'Or & d'Argent, arrestez & ordonnez par nos
Roys: Cela ne reçoit aucun contredit, la demõ-
stration m'en semble extremement ridicule &
la difficulté contraire au sens commun. Ie m'e-
stends sur cette Response, beaucoup plus que ie
ne m'estois proposé, passons legerement sur ce
qui reste de ce Chapitre.

Ez deux ou trois fueillets suyuans, il continuë:
La racine des abus (dit-il) *est la confusion des trois me-*
taux, Or, Argent & Cuiure: laquelle cessant, ny le
subiect, ny l'estranger, ne pourra faire aucune fraude
qui ne soit aussi tost descouuerte. Ce texte n'est qu'v-
ne repetition de ce qu'il a dit au commence-
ment de ce Chapitre : que le fondement de
tous les faux Monnoyeurs, ne vient que de la
meslange des metaux. Seulement il adiouste
en cet endroit, que ce meslange ou confusion
des metaux cessant, que le subiect ny l'estranger n'y pourront faire aucune fraude: sans de-

clarer comment, ny en quelle façon ils ne nous pourroient plus tromper; que ie confesse aussi n'entendre point. Car, posé que le Roy ne feit fabriquer en France que des especes d'or & d'argent fin, & du poids qu'il les desire, l'estranger, ny le subjet mesme, ne pourront-ils pas tousjours, & les rogner de leur poids, & les falsifier de leur bonté? Et en ce faisant, cesdits faux monnoyeurs ne continueront-ils pas en leur fraude, nonobstant la fabriquation desdites especes d'or & d'argent fin.

Et vn fueillet, ou deux apres: *Encores peut-on dire & objecter, qu'il seroit plus expedient de forger pour le moins des Doubles & Deniers de basse loy, pour euiter à la pesanteur de la monnoye de cuiure. Mais ie dy, que si on permet de forger billon, pour petit qu'il soit, qu'il sera tiré en consequéce des Liards & Sols, & sera touſiours à recommencer: & encores que l'on ne forgeast que des Doubles & Deniers, neaumoins c'est touſjours tromper le menu peuple, pour lequel cette mõnoye est forgée, & en laquelle il ne cognoist rien:* Et sur cette fabrication de menuë mõnoye cite l'exemple de Iacques Pinatel, executé cõme faux mõnoyeur. Il est vray, que la menuë mõnoye de Liards, Doubles & Deniers, est vne monnoye forgée particulierement pour le peuple, afin de s'en seruir ez marchez & ailleurs, en l'achat des menuës denrées & de petit prix, & leur faciliter le change des bonnes especes d'argent: Mais que leur fabriquation soit pour le tromper, c'est ignorer le faict des monnoyes. Car la mon-

noye de billon, côme font les Douzains, Liards,
Doubles & Deniers, tiennent autant de poids
d'argent fin, à proportion de leur prix, que le
Quart-d'efcu, piece de Vingt fols, & autres efpeces d'argent : Et en ce faifant, les Douzains ont
beaucoup plus de poids d'argent fin, que les
Liards; les Liards plus que les Doubles, les Doubles plus que les Deniers, à proportion, comme
dit eft, de leurdit prix : Et, 12. deniers de billon,
ou 6. Doubles, ou 4. Liards, tiennent autant de
poids d'argent fin, que le Quart-d'efcu, déduction faite des frais de leur fabriquation, prati-
quée par tous les Princes Chreftiens de l'Europe. La demonftration en fut exactement faite,
ainfi que i'ay ouy dire, au temps de l'Ordonnance foixante & dixfept, qui confirme dans fon
narré, & en termes bien exprés, que le furhauffement de prix, qui eftoit lors efdites bonnes efpeces, ne venoit de la fabriquation defdits Douzains, & autres pieces de billon; parce que, durant ce grand furhauffement d'efpeces, encores
que l'Efcu valuft 4. 5. 6. & 7. liures, ne fe payoit
neaumoins de 80. 100. 120. & 140. pieces de
Douzains; ains, de quatre Teftons, trois pieces de
Vingt fols, & d'autres efpeces d'argent ayans
cours, qui furhauffoient de prix à proportion
dudit Efcu : le Douzain demeurant toufiours au
fien, qui feruoit comme de piuot, pour foufte-
nir & eftayer ce grand defordre & furhauffement de prix d'efpeces; ce qu'il n'euft fait, s'il
n'euft tenu le poids d'argent qu'il deuoit auoir,

à proportion desdits Testós, pieces de Vingt sols, & autres. Apres l'exemple de Pinatel, il adjouste.

Ie dy donques, qu'il ne faut aucunement souffrir le billon en sorte quelconque, qui voudra nettoyer sa Republique de fausse monnoye. Cecy se destruit par ce que ie viens de monstrer; Car, si durant ce grand desordre de surhaussement d'especes, aduenu en ladite année soixante & dixsept, le Douzain ne surhaussa de son prix (ainsi que porte le narré de ladite ordónance) il s'ensuit que lesdits Douzains arrestoient le prix de toutes choses, puis que seul, de toutes les especes de monnoye qui se fabriquoient lors, & auoient cours en France, il demeura solide & arresté, contre l'opinion des plus versez en ce temps là au faict des monnoyes; qui supprimerent, à cause de son instabilité (disoient-ils) le compte à Sols & à Liures, & establirent celuy à Escus.

Et deux fueillets apres il ferme ce Chapitre, par ce que le Sieur Godefroy dit de luy, en son Aduis: *Qu'estant aux Estats de Blois, deputé de la prouince de Vermandois, il auoit esté resolu en presence de Messieurs des monnoyes, & de Monsieur Marcel Intendant des finances, que tout ce qu'il a dit en ce chapitre (qu'il remonstra, dit-il, sommairement) estoit necessaire pour apporter vn bon Reiglement aux monnoyes; mais que la difficulté & maladies de la Republique, qui estoient incurables, ne le pourroient souffrir.*

Voila les raisons de Maistre Iean Bodin, sur cette cinquiéme cause du surhaussement de prix des especes d'or & d'argent. Examinons de mesme ordre celles de Maistre Denys Godefroy, qui semblent en apparence presser dauantage que les precedentes.

Par le huictiéme Article de sondit Aduis, il dit, Qu'il y a vne cinquiéme cause du surhaulsement de prix des Monnoyes, qui est, *Que l'analogie & proportion des metaux* (il entend ceux d'Or, d'Argēt & billon) *se perd en la fabriquation en œuure des monnoyes, fabriquées desdits metaux.* Cela est vray, que la Proportiō du prix obserué entre les Marcs d'Or & d'Argent, se perd en la fabriquation en œuure des Especes d'Argent, contre celle d'Or, & des Especes de billon, contre celles d'Argent. Mais qu'elle soit la cause du surhaulsement de prix de l'Espece d'Or, comment le peult on conclure? Veu, que ceste Disproportion en œuure de l'Or, Argēt, & billon ne se fait seulement en France, & à present: mais, par tous les endroits presque du monde, & de toute eternité: & en aulcuns encores, l'on compte le cuiure qui entre dans lesdits Especes de billon, ce que l'on ne fait en France. Estant bien certain, que la façon de 12. habillemens de taffetas, ou de 48. de grosse butre, est plus chere & doit couster dauantage, que celle d'vn seul habillement, bien que de toile d'Or; en ce, qu'il y a plus de temps & de cousture en 12. & plus encore en 48. qu'il ny a en vn seul habillement. Suiuons cet examen.

Par le vnziéme article il explique le huictiéme

 cy deſſus, & dit, Que cette diſproportion d'entre les
metaux d'Or, d'Argent, & billon, prouient de ce que les
droicts de Seigneuriage, Braſſage, Remedes de poids &
Loy, ſont prins ſur l'ouurage & fabriquation des monnoyes, comme les daces & impoſitiōs ſur vne marchandiſe venduë : leſquelles daces diminuent d'aultant la
valeur deſdits metaux, que les droits & remedes montent. Et d'autant (adiouſte-il) que leſdits droits &
charges ſont beaucoup plus grands en la fabriquation
de vnze Marcs & plus d'argent, & 48. Marcs de billon
(auſquels 11. Marcs & demy d'argent, & 48. Marcs de
billon, 1. Marc d'Or eſt referé par Proportion & analogie) les monnoyes d'Argent & billon, ſont de moindre valeur que les monnoyes d'Or; leſquelles à cette
occaſion, ſont plus eſtimées & ſurhaulſees de leur prix.
Toute la force de cet Aduis conſiſte en ce ſeul
Article, qui contient en ſoy quatre chefs ou
poincts principaux: Le premier, que les droits de
Seigneuriage, Braſſaige, & Remedes de poids
& loy, ſont prins ſur l'ouurage & fabriquation
des monnoyes, comme les daces ſur la marchandiſe venduë : Le deuxiéme, que leſdits
Seigneuriage, Braſſaige, & Remedes, diminuent
la valeur deſdites monnoyes, d'aultant que
leſdits droits & Remedes montent: Le troiſiéme, que les monnoyes d'Argent & billon ſont
de moindre valeur, que les monnoyes d'Or, eu
eſgard au prix des Marcs d'Or & d'Argent hors
œuure, en ce que, leſdits droits & charges, ſont
beaucoup plus grands en la fabriquation de vnze Marcs & plus d'Argent, & en 48. Marcs de
billon

billon, qu'il ne sont en vn seul Marc d'Or en
œuure, auquel ladicte quantité de Marcs d'argent & billon se refere? Et le quatriéme, que les
Monnoyes d'Or, sont à cette occasion plus estimées & surhaulsées de leur prix; d'autant qu'elles sont moins chargées desdicts droicts & Remedes, que ne sont lesdits vnze Marcs & plus
en monnoye d'argent, & 48. Marcs en monnoye
de billon, referez audict Marc d'Or.

Pour le premier, Ce n'est pas d'aujourd'huy,
qu'en France les droits de Seigneuriage, Braffaige, & Remedes de poids & loy, sont prins sur
l'ouurage & fabriquation des monnoyes, comme les daces sur la marchandise venduë; il y a
du moins huict cens cinquãte ans, que nos Roys
leuent semblables Seigneuriage & Braffaige sur
leurs monnoyes. Pepin, pere de Charlemagne,
par aucunes ses constitutiõs ou capitulaires qui
nous ont esté dõnées par feu Monsieur Pithou,
& inferées au deuant de celles dudit Charlemagne, *capit. 5. De moneta* (dit-il) *constituimus; vt*
amplius non habeat in libra pensante, nisi 22. solid. &
de ipsis 22. solidis, Monetarius accipiat solidum vnum,
& illud alius Domino cuius sunt reddat; vt immunita-
tes conseruatæ sint. Ce texte peut seruir à la demonstration de deux ou trois belles antiquitez,
ie me contenteray de le marquer seulement,
pour ce qui fait à mon subject. Par iceluy, l'on
recognoist que dés le temps de Pepin, la Liure
de poids, en especes de monnoye, estoit composée & taillée de 22. sols : desquels en estoit

desduit deux, sçauoir l'vn, pour le droict du Mónoyer, qui est le Brassaige : & l'autre, pour celuy qui portoit à la Monnoye son argent à ouurer, comme Maistre de telle matiere, qui equipolloit à vn Seigneuriage ; *Vt immunitates* (dit-il) *conseruatæ sint*, afin qu'vn chacun soit conserué en ses droits & fráchises. Qui móstre que en ce téps là, ceux qui portoiêt pour ouurer matieres d'or ou d'argent, receuoiêt quelque salaire, qui equipolloit à vn Seigneuriage : cóme à present il le prátique encores en Espagne. En l'Année 1253. Alfonse, Cóte de Poictou & Thoulouse, feit bail de sa Monnoye de Thoulouse, à Bernard Regnauld & Bertrand de Croisses, sur le poids & loy des monnoyes du Roy , & sur le Faifort de 30. milliers de Gros de ladicte monnoye de Thoulouse, qu'ils promirent faire & fabriquer par An : à la charge, de payer de Seigneuriage audit Sieur Comte, seize liures d'icelle monnoye, pour chacun millier d'ouurage. Et outre promirent, Que s'ils faisoient fabriquer en icelle Monnoye plus grande quantité d'ouurage par an , que lesdits 30. milliers de Gros, de payer ce plus d'ouurage, à raison de 16. liures le millier ; les termes dudit Bail, sont tels ; *Et debent dicti Magistri* (parlant desdits Bernard & Bertrand) *facere triginta milliaria, videlicet, mille & centum & viginti quinque libras pro quolibet milliari, & decem libras pro fractis : & debent nobis dare pro vno quoque milliari, scilicet Tholosanorum, Grossorum, seu Obolorum, sexdecim libras Tholosanorum simplicium : Quod si plus fecerint de mo-*

neta, vltra dicta triginta milliaria, eadem ratione & eodem modo nobis dabunt de eo quod plus facient. En l'année 1278. est fait semblable Bail de la Monnoye d'Alby en Languedoc, par P. Euesque de ladite ville d'Alby, & Philippes des Fourches Sergent du Roy, stipulant, tant pour ledit Sieur, que pour Sycard Aleman, à vn nommé Nauarre Caffefort bourgeois de Cahors, sur le Pied aussi des monnoyes du Roy : & moyennant 30. liures de ladicte monnoye, qu'ils promettoient payer pour la fabriquation de chacun millier de Gros d'icelle monnoye, qui estoient petis Deniers, appellez Raimundins, de Raimund Comte de Prouence. I'insereray encores ce texte, parce que ces Baux sont remarquables: *scillicet, quod ipsi Nauarrus & Ioannes, faciant, cudant, & fabricent, cudi & fabricari faciant ipsam monetam, ad tres denarios legis: ad tale argentum & ita bonum & finum, sicut Turonenenses sunt, ad quatuor denarios cursus in pieça, & ad pondus decem & octo solidorum & octo denariorū, ad pondus marchæ ad quam marcham dictus Dominus Rex deliberat & expedit pecuniam siue monetā suam.* Et vingt cinq, ou trente lignes apres : *Est etiam sciendū, Quod, dictus Nauarrus Caffa fortis & Ioannes Decimarri, dabunt & dare promiserunt dictis dominis, pro qualibet milliario Grosso, quod continet & continere debet quantitatem mille & centum & viginti quinque libras dictæ monetæ: & quod, in ipsa moneta & de ipsa, fiet & fabricabitur & cudetur triginta libras monetæ prædictæ:* ces deux Baulx, ont esté par moy extraits de leurs originaux en parchemin, estans au Tresor des Chartres du Roy, layette *Monetarios.* Examinons de suitte cesdits Seigneuriage & Brassaige, sur vostre Registre entre deux Aix. Ledit Registre, pour les especes d'Or, ne commance qu'à Philippes le Bel 4. du nom, en l'année 1310. qu'il feit ouurer Royaulx durs, du poids de 5. deniers 12. grains piece, chargez sur chacun marc d'œuure, de 1 Royal & demy de Traitte. Loys 10. surnommé Hutin, & Charles 4. dit le Bel, feirent fabriquer petits Moutonnets d'or fin, du poids de 3. deniers 5. grains, chargez sur chacun marc d'œuure, de 5. ou 6. desdits Moutonnets. Philippes de Valois 6. du nom, feit fabriquer plusieurs sortes d'especes, ie me contenteray de vous representer icy les deniers à l'Escu, comme la monnoye la plus commune pour l'or vsitée en ce temps là, & continuée iusques au Regne suiuant, le marc en œuure d'iceux estoit chargé, de 4. desdits deniers à l'Escu, chacun du poids de 3. deniers 13. grains trébuchant. Le Roy Iean, ordonna l'ouurage des deniers à l'Aignel, vulgairement appellez Moutons à la grand laine, du poids de 3. deniers 16. grains piece, aussi chargez de Traitte sur chacun marc, de 4. desdits deniers. Charles 5. surnommé le Sage, feit forger deniers aux Fleurs de lys, qui sont les Francs d'or à pied, du poids de trois deniers iustement piece, chargez sur marc d'œuure, de 2. desdits deniers. Charles 6. feit ouurer les vieux Escus, qui ont varié en leur pied, ie prendray ceulx, de la premiere fabri-

quation, du poids de 3. deniers 4. grains piece,
chargez sur chacun marc d'œuure pres de 2. d'i-
ceux : ledit Sieur feit encores forger Saluts
d'Or fin, aux armes de France seulement, du
poids de 3. deniers 1. grain piece, chargez pareillement de Traitte sur marc d'œuure, de 2.
desdits Saluts. Charles 7. feit fabriquer les Escus à la Couronne, du poids de deux deniers 17.
grains piece, chargez de Traitte sur chacun
marc, d'vn d'iceux. Loys 11. en l'année 1475.
ordonna la fabriquation des premiers Escus au
Soleil, du poids de deux deniers 17. grains trebuchant piece, chargez sur chacun marc, de 1.
Escu ou enuiron de Traitte. Charles 8. continua
l'ouurage desdits Escus au Soleil, à peu pres de
mesme poids, bôté, & Traitte. Loys 12. perseuera
en la fabriquation desdits Escus, sinon qu'au lieu
du Soleil, il y feit mettre vn porc Espic à chacun
costé de l'Escu, & s'en treuue qui n'en ont qu'vn
au dessous dudit Escu, de mesme poids, tiltre &
Traitte que les precedens, du moins y a peu de
difference. François 1. Henry 2. Charles 9.
Henry 3. & Henry 4. ont tous continué la fabriquation desdits Escus au Soleil, presque semblables en poids & bonté interieure à ceux que
nous auons auiourd'huy, & chargez aussi de vn
Escu & demy ou enuiron de Traitte. Venons à
l'Argent.   L'excedens des Traittes sur les
especes d'argent, de tout temps a esté en France proportionnement beaucoup plus grand, que
sur les especes d'or : parce que nos Roys, quand

ils vouloient tirer quelque grand profit sur leurs
monnoyes, le prenoient tousiours sur le marc
& espéces d'argent en œuure, sans toucher au
poids ny bonté interieure des especes d'or, qui
se conseruoient ordinairement pendant tels affoiblissemens : la raison en est renduë par Oresme, precepteur de Charles 5. & depuis Euesque
de Lisieux, qui viuoit y a deux cens cinquante
ans, en son petit Traitté de la Mutatiō ou Affoiblissement des monnoyes, chap. 3. où il dit, *Sed,*
aduertendum est & notandum pro regula generali,
quod nunquam debet fieri mixtio, nisi tantummodo
in minus præcioso metallo, de quo consueuit fieri mi-
nus præciosa moneta : Verbi gratia, vbi haberetur mo-
neta ex auro & argento, mixtio nunquam facienda
est in moneta aurea ; ce qu'il repete dans le chapitre 13. ensuiuant. Ainsi lesdits Sieurs, quand ils
vouloient affoiblir, & tirer quelque profit de
leurs Monnoyes, le prenoient tousiours sur le
Marc d'argent en œuure ; stipulans auec leurs
fermiers, de leuer tant de Traitte sur chacun
Marc d'argent en œuure des especes, qu'ils leurs
ordonnoient & permettoient fabriquer : à la
charge, d'en rendre telle somme par an, payable,
par fois, à la fin de chacun mois, selon la necessité de leurs affaires. Comme est cet insigne Bail
de toutes les Monnoyes de France, fait en l'an
1419. par Charles 7. pendant sa Regence, à Ma-
rot de Bettons Escheuin de Poictiers, & a vingt
de ses Compagnons ; moyennant, deux milions
cent soixente mil liures par an, qu'ils promet-

toient payer audit Sieur, en douze payemens,
chacun de neuf vingts mil liures, eicheant à la
fin des mois. Le iuidit Registre entre deux aix,
commance le prix & valeur des mares d'argent,
du regne de Philippes le Bel, à la Qualimodo
de l'an 1293. que l'ouurage des Parihs doubles
& Tournois doubles, fut ordonné: & la fabriquation des eipeces d'argent, commance au
mois de Nouembre 1310. que ledit Sieur feit
forger mil Oboles tiercés, du poids d'vn denier
deux grains trebuchant piece, à 12. deniers Argēt le Roy, chargées, fur chacun marc d'œuure,
de vingt-fept deidits Oboles tiercs; qui eitoit,
pres d'vn fixiéme de marc, ou environ, de Traitte, fur l'ouurage de chacun marc deidits Oboles:
Traitte à la verité exceffiue, à l'eigard de celle
qui fe leue auiourd'huy fur nos efpeces d'argent; & neaumoins, qui deuoit eitre fort moderée pour le temps auquel elle eitoit leuée; veu
qu'auparauant, nos Chroniques & le fuidit
Registre remarquent vn grand Affoibliffement
fur les monnoyes, tel (porte le fuidit Registre)
qu'vn Denier, courroit pour trois, iufques à la
Sainct Remy 1306. depuis lequel temps, iufques
en Ianuier 1310. courut bonne monnoye. De
façon qu'il ne courroit en France, (plus de quatre ans parauant la fabriquation deidits Oboles
tiercés,) finon bonne monnoye. Grand teimoi-
gnage, que la Traitte deidits Oboles n'eitoit
lors exceffiue pour le teps, puis qu'ils feloüoient
du cours & bonté de la monnoye. Ie ne m'eiten-

deray dauantage en l'enumeration de toutes
ces Traittes, sur les especes d'argent mentionnées dans le susdit Registre, comme i'ay fait
sur celles d'or, pour deux raisons : La premiere, parce que anciennement il se fabriquoit
peu d'especes d'argent, la monnoye la plus commune qui achettoit & payoit l'espece d'or, n'estant qu'vne quantité de petites especes de billon, dont les plus grosses, iusques au regne du
Roy Iean, n'estoient que de 10. & 15. deniers de
cours piece, & depuis le Roy Iean, iusques à
Charles 7. de 20. deniers de cours seulement. La
fabriquation des grosses especes d'argent, n'ayāt
commancé que sous Louis 12. qui feit ouurer les
Gros testons, qui ont continué iusques à Henry
3. lequel, en interdisant leur fabriquation, ordonna en l'année 1575. celle des pieces de Vingt
sols, & en soixante & dix-sept, celle des Quarts-
d'Escus, que l'on forge encores à present.   La
deuxiéme, parce que cesdits Traittes sur le billon, se leuoient par fois par excés ; comme du regne du Roy Iean, pendant sa prison d'Angleterre, sçauoir depuis le 18. Mars 1359. iusques au 27.
du mesme mois ensuiuant, l'on forgea iusques à
Monnoye cinq centiéme, le Marc d'argent vallant 102 liures tournois ; qui est vn grand Affoiblissement que quelques-vns de nos plus estimez Chronographes assez librement, tiennent
auoir esté fait, pour payer la rançon dudit sieur
lors prisonnier en Angleterre : ce qui ne se treuuera, sauue leur honneur, aussi bien que le dire

commun, que durant ce mesme temps l'on fa-
briqua de la mōnoye de cuir, frappée d'vn clou
d'argent:parce que l'Accord & Traicté de paix
de Bretigny fait pour la deliurāce de sa persōne,
n'est que du 8. may 1360. enuiron deux mois apres
estre reuenu dudit Affoiblissemēt à la forte Mōnoye. Ioinct, qu'en tous tels & semblables Trai-
ctez, soit pour rançons ou autres, portans payement de quelque somme, l'on stipule tousiours
le poids & la bonté interieure des especes: de
sorte, que la fabriquation desdites mauuaises especes, pour faire tels payemens, eust esté inutile.
Et du regne de Charles 7. lors qu'il estoit refugié
à Bourges, sçauoir depuis le mois d'Octobre
1422. iusques au mois de Nouembre ensuiuant,
ledit sieur feit forger Monnoye quatorze cens
quarantiéme, le Marc d'argent vallant quatre-
vingt dix liures tournois; qui estoit encores vne
bien plus grande Traitte, que celle du Roy Iean.
Il est vray, que ces grands excez de Traittes &
Affoiblissemens, ne duroient iamais longuemēt.
Le Roy Iean reuint à la Mōnoye moyēne, neuf
iours apres le sien; laquelle dura, depuis le 27. dudit mois de Mars 1359. iusques au 23. Auril ensui-
uāt, faisant battre Mōnoye quarante-huictiéme,
le Marc d'argent vallant 11. liures tournois. Et
ledit Charles 7. reuint aussi à ladite Monnoye
moyenne, vn mois apres le sien; l'ayant commancé, sçauoir, depuis ledit mois de Nouembre
audit an 1422. iusques en Feurier ensuiuant, qu'il
feit forger Monnoye quarantiéme, faisant don-

ner du marc d'argent 7. liures 10. fols tournois:
ainfi que marque vn mien vfeil Regiftre, qui
vient de feu Monfieur le Prefident Briffon, dans
lequel, font les prix des marcs d'or & d'argent,
& les cours, poids, loy, & coing de toutes les mô-
noyes d'or, d'argêt, & billon, fabriquées par ledit
fieur, felon la Chambre des monnoyes transfe-
rée à Bourges, obmifes dans voftre Regiftre entre deux aix, qui ne fait mention que des prix des
marcs d'or & d'argent, fans fpecifier les differences des cours, poids, & loy des efpeces; & pour
laquelle obmiffion, ie me fouuiens auoir veu
naiftre vne difficulté en voftre Compagnie, fur
l'eualuation de certains Royaux d'or fabriquez
durant ce temps, és villes obeïffantes au Roy, le
pied defquels l'on alla chercher fous le regne de
Charles 5. plus de 64. ans parauant, comme les
plus prochains precedens de voftredit Regiftre.
Donques antiennemêt, ces Traittes fur les monnoyes, feleuoient par fois par exceds; mais touf-
jours, proportionnément auffi grandes pour le
moins, que celles que l'on leue à prefent. Les
Fermes des monnoyes eftans lors à nos Roys,
comme l'vn des principaux reuenus de leur Domaine; ce qui a duré iufques à Charles 7. que les
Aydes & Tailles furent renduës ordinaires en
France; ainfi que le fufdit Regiftre dudit Sieur
Briffon, apres l'article faifant mention defdits
Royaux d'or fabriquez en l'année 1430. le veut
induire, par ces mots: *Et onques puis, que le Roy
meit les Tailles des poffeffions, des Monnoyes ne luy*

chalat plus ; voulant dire, depuis que Roy eut arresté en France les Tailles (qu'il semble inferer
icy estre reelles) il ne se soucia, ny ne feit plus
d'estat du reuenu de ses Monnoyes, comme, luy
estant plustost à perte, qu'à profit. Et de vray (ce
que ie supplie tres-humblement tous Conseillers d'Estat d'aduertir) l'émolument du reuenu
des fermes des Monnoyes, appartient plustost à
vn petit Prince qui a peu de Domaine, & qui tire d'ordinaire plus de profit de ses Monnoyes
que du reste de son reuenu, qu'à vn grand Prince, duquel ledit reuenu ordinaire, excede de
beaucoup celuy des fermes de ses Monnoyes :
parce que, le petit Prince, chargeant ses monnoyes de grandes Traittes, bien qu'elles soient
diminuées de leur fin de poids, ne peut diminuer le reste de son reuenu, qui est petit, &
moindre, comme dit est, que celuy de ses Monnoyes. Mais le grand Prince, qui tire vn grand
reuenu de son Domaine, chargeant ses monnoyes de grandes Traittes, diminuë à proportion desdits Traittes, sondit reuenu qui est grãd,
& qui luy est payé desdites especes chargées &
diminuées de leur fin de poids d'or, ou d'argent :
l'vn & l'autre, neantmoins, appauurissans leurs
subjects, & chassans de leurs Prouinces les bonnes especes d'or & d'argent, dont elles sont
remplies ; cecy, meriteroit vn discours tout entier & particulier. Ainsi, il y a plus de 850. ans,
que nos Roys ont commancé à leuer lesdits
droicts de Seigneuriage & Brassage, sur leurs

monnoyes: & plus de trois cens ans, que vos
Regiſtres en font mention d'an en an, & ce,
auec beaucoup plus d'exceds qu'ils ne font à preſent. Voyons, pour acheuer ce premier chef, de
quand on a commancé en France les Remedes,
tant en poids qu'en loy, blaſmez auſſi par l'autheur, comme cauſe en partie du ſurhaulſement
de noſdites Eſpeces d'or: qui ne ſont en effect,
que les meſmes croaſſemens de Traittes ordinaires & extraordinaires, de nos donneurs d'Aduis
de la ſuſdite année Six cens neuf, dont ils ſe pre-
ualoient, au fort de la reſolution de leurſdits
Aduis.

Tous ceux qui leur ont fait Reſponſe, n'ont
fait qu'efleurer leſdits Remedes, ſans remarquer le temps qu'ils ont commancé en France;
comment ils y ont eſté introduits, ny leur vſage,
prattiqué non ſeulement en France, mais auſſi
par tous les autres Eſtats de l'Europe, qui plus
en aucuns & qui moins és autres, ſelõ l'vſage receu en chacun d'iceux. Pour le regard du temps
qu'ils ont commancé en France, il me ſemble,
que quand nous n'aurions que la ſeule experiẽ-
ce, que les eſpeces d'argent fabriquées en ce tẽps
là, ne ſe rapportent iuſtement à la taille ny à la
bonté interieure qu'elles doiuent auoir par le
Regiſtre entre deux aix, & autres vieilles Chartes & memoriaux qui nous aſſeurent de leur taille & bonté, que cette experience nous doit eſtre
vn tres-fort argument, pour croire, que leſdits
remedes, bien qu'ils ne fuſſent poſſible encore

introduits par ordonnance, estoient neaumoins
pratiquez par les Officiers des monnoyes en la
fabriquation desdites especes. Et que de cette
defectuosité, seroit aduenu l'establissement &
vsage desdits Remedes: qui ont commancé, par
Remedes, ont esté desreiglez, par lesdits Remedes
& Recours ioints ensemble; & depuis reduits &
arrestez aux Remedes seuls, que nous pratiquôs
à present: lesquels, peuuent encores à l'aduenir
estre diminuez, autant que cet art de tailler & allayer, se peut inuenter plus parfaict qu'il n'estoit
le temps passé.

Mais, oultre cette experience, i'apprens par les
susdits vieux Baulx des mõnoyes, sçauoir par celuy de Thoulouse, fait en l'année 1253, que lesdits Maistres & fermiers auoient des Remedes,
vsoient de deliurances, & emboistoient, comme
ils font encores à present; Voicy la teneur de
son texte; *simplices autem Tholosani, debent esse le-*
gis & ponderis Turonensium; hoc est sciendum, ad
quatuor pugiesses minus legis, sicut debet fieri moneta
domini Regis apud Carcassonam & Nemausum. Dicti
enim simplices Tholosani debent deliberari, de pondere
decem & octo solidorum & vnius denarij ad marchas
tres: & si duo denarij plus fuerint in tribus marchis, non
arrestarentur ad deliberandum: & apres auoir aussi
specifié les Remedes sur l'ouurage des Oboles
& Gros Thoulousains, il suyt; *prædicti siquidem*
Magistri monetæ, debent ponere in vna pisside, de qui-
buslibet centum libris, sex denarios: in qua pisside erunt
duæ claues, quarum, vnam habebunt dicti Magistri, &

aliam Cuſtos noſter : qui Magiſtri debent reſpondere de lege denariorum, per denarios poſitos in piſſide prædi-Eta. Et pour le iugement de leur ouurage, il ad-iouſte : *Et debent illi denarij probari, ter in Anno, ſcili-cet, in feſto omnium Sanctorum, in Candeloſa, & Aſ-cenſione Domini, ſi dicti Magiſtri requirant : & quan-do illi denarij probati fuerint & deliberati, ſicut debent, de lege dicti Magiſtri liberantur.* Semblable remede eſt repeté ſur l'ouurage des Raimundins, men-tionnez dans le bail de ladicte Monnoye d'Alby fait en l'année 1278. *Ita & tali modo, quod ſi in tri-bus marchis dictæ monetæ, eſſent duo denarij plus, ni-hilominus, expediant dictam monetam & deliberent. Et in qualibet marcha dictæ monetæ, debent eſſe tan-tummodo* 12. *denarij fortes, & alij* 12. *denarij fragiles ſiue flebes : Ita quod, ipſi duodecim denarij fortes, non poſſint eſſe fortiores, quam* 16. *ſolidis & 7. dena-rijs in marcha : & fragiles, non poſſint eſſe fragiliores, quam* 16. *ſolidis et decem denarijs in marcha.* Et les plus antiennes de vos Ordonnances que i'aye leuës faire mention deſdits Remedes, premie-ement pour le poids, ſont les articles du 17. Iuillet 1346. du 23. Iuillet & 11. Ianuier 1347. & quelques autres ſuiuans, inſerez dans le Regi-ſtre entre deux aix; Par le premier deſquels, il eſt dit dit (parlant des Doubles pariſis noirs qui auoient cours pour 2. deniers pariſis la piece.) *Et furent taillez de recours à* 12. *deniers pariſis, & 3. grains deſſus & deſſous :* Et par l'article du 11. Ianuier, eſt porté (parlant de la fabriquation d'autres Doubles pariſis noirs) *Et furent taillez*

à 12. *Oboles de recours*, à 8. *fors* & à 8. *foibles pour*
marc; Et en suitte dudit article, faisant mention
de petits Deniers tournois; *Et furent taillez* 3. *grains*
dessus & *dessous de recours*, à 12. *deniers fors* & à 12.
deniers foibles audit marc: Et encores dans le mesme article parlát des petites Oboles tournoises;
Et furent taillees sans recours, ainsi que les Doubles pa-
risis noirs, dessus nommez Monnoye trente-sixieme.
De tous lesquels termes pour en faciliter l'intelligence, faut sçauoir la difference qui estoit anciennement entre Recours de poids, & Remedes de poids: laquelle on peut tirer en partie de
ces articles & autres suiuans, & en partie de
l'ordonnance, enregistrée audit Registre entre deux aix, fol. 104. recto, faite sur le Reiglement general des Monnoyes & Officiers
d'icelles, du temps que les Anglois occuppoient la France, au tiltre des baulx à ferme
des Monnoyes, Art. 19. 20. 21. 22. 23. & 24. &
au tiltre des Gardes desdites monnoyes art. 63.
64. & 65. par lesquels il appert, que Recours,
estoit le foiblage & forsaige de poids, permis
sur chacune espece prez le droict poids d'icelle : & Remede, estoit la quantité des deniers fors & foibles (appellez vilains forts &
vilains foibles) permis sur chacun marc d'œuure, outre & par dessus ledit Recours : le foiblage & forsage duquel Remede permis sur chacun
desdits vilains forts & vilains foibles, excedoit
encores pour le moins de 1. demy grain de
poids, le foiblage ou forsage de Recours per-

mis fur chacune efpece : Exemple , par la fufdite ordonnance , és articles 21. & 24. eft
enjoint audict Fermier, faire ouurer petits Parifis noirs de 15. fols de poids audit marc , de bon recours; c'eft à fçauoir , que le plus foible fera taillé à
deux grains de poids, prez du droict; & le plus fort,
à deux grains de poids plus pefant que le droict; au
remede de quatre vilains forts, & quatre vilains foibles pour marc; chacun defquels pourra eftre plus fort
ou plus foible d'vn demy grain de poids , plus qu'il
n'eft par ledit recours : de façonque, par la fufdite
ordonnance, le Recours defdits Parifis, font les
deux grains de poids de foiblage ou forfage,
permis fur le iufte poids de chacun d'iceux; &
leur Remede, font les 4. vilains forts, & quatre
vilains foibles permis fur chacun marc d'œuure
defdits Parifis, outre & par deffus ledit Recours
permis fur chaque efpece: Et en ce faifant, chacun de fefdits vilains forts ou vilains foibles, eftans taillez de 2. grains & demy, plus ou moins
que leur droit & iufte poids, reuenoit precifément dans la permiffion dudit Remede. Auffi
il fait à remarquer, fur l'article 18. de ladite ordonnance; qu'en la taille des efpeces d'or, il n'y
auoit point de Remede fur le marc, ains Recours
feulement, qui eftoit vn demy grain pres le
droict & iufte poids de chacune efpece: Et fur
l'article 19. enfuiuãt, que le Recours des deniers
d'argẽt, n'eft que d'vn grain de poids de foiblage
ou forfaige permis pres le droict & iufte poids
de chacun, auec le Remede de 4. vilains forts &

4. vi.

4. vilains foibles fur marc, chatun d'vn demy grain de poids feulement, de plus ou moins, permis outre & par deffus ledit Recours. Quant aux Remedes fur la loy ou bonté interieure defdites efpeces, les plus anciennes de vos ordonnances que i'aye leuës en faire mention, font trois; dont deux de Charles cinquiéme, l'vne & premiere, donnée à Paris le 29. Nouembre 1369. par laquelle, *eft permis aux Maiftres des monnoyes, de rendre leurs ouurages d'or, hors le tiltre de l'ordonnance, iufques au remede d'vn quart de Carat, ou d'vn demy Carat d'or fin fur marc pour le plus, fans qu'ils en puiffent eftre punis; à la charge qu'ils en rendront au Roy ladite Efcharceté qui y fera trouuée.* La deuxiéme, eft vne Charte dudit Sieur, donnée à Paris en Mars 1378. fur le reglement des Orfevres & leur meftier, enregiftrée audit Regiftre entre deux aix, au fueillet 137. articles 25. & 26, par lefquelles eft ordôné, *Que les Orféures ouureront d'Argent le Roy, à vnze deniers douze grains fin, au remede de trois grains fin, pour les ouurages qui font fans foudure; & de cinq grains fin, pour ceux qui feront feruz en tas,* qu'ils appellent *befongnes de rapport.* Et la troifiéme, eft vne ordonnance de Charles 6. donnée à Paris le 29. Auril 1405. par laquelle, ledit Sieur mande aux Generaux Maiftres des monnoyes, *de permettre aux Maiftres & fermiers defdites Monnoyes, de befongner & faire ouurer la monnoye d'or, au remede d'vn quart de Carat, outre les remedes accouftumez; & la monnoye d'argent, au remede de fix grains de loy, pour marc*

H

d'œuure, *oultre les remedes auſſi accouſtumez ; qui*
ſont de grandes Eſcharcetez, leſquelles auſſi
ledit ſieur reuoque incontinant apres, par vne
autre ſienne ordonnance, du 8. Aouſt enſuiuant,
par laquelle il déroge à la prochaine precedente : veut, *que ſi aucune de ladite mauuaiſe mon-*
noye qu'il auoit mandé eſtre ouurée, l'a eſté, qu'elle
ſoit refonduë & conuertie en bonne. Doncques,
quand il n'y auroit que l'experience, nous pouuons aſſeurer que leſdits Remedes, tant en poids
qu'en loy, ont cōmancé en France dés le temps
de la fabriquation des Eſpeces d'or, d'argent, &
billon ; puiſque elles ne ſe rapportent au poids,
ny bonté interieure, portez par les vieilles chartes, memoriaux, & Regiſtre entre deux aix : &
neaumoins que vos regiſtres, pour le regard des
Remedes & Recours ioints enſemble, ne com-
mancent d'en faire mention que ſous le regne
de Philippes de Valois, en l'année 1346. & 1347.
que ledit Recours de poids ſur chacune eſpece,
auec ledit Remede de forts & foibles, commança premieremēt d'eſtre eſtably ; Ie dy, commança, parce que par le ſuſdit article de ladite année
1347. les Oboles tournoiſes y mentionnées,
ſont exceptées dudit Recours, permis ſur tous
les autres ouurages contenus audict article :
qui monſtre que ledit Recours commançoit,
puis qu'il n'eſtoit encores bien aſſeuré, ny permis eſgallement en la taille de toutes ſortes
d'eſpeces, meſme de billon, & fabriquées ſur
vn meſme Pied & prix du marc d'argent, com-

me il a esté depuis. Que l'establissement de cesdits Recours sur l'espece, & Remede sur le marc, auroient duré du moins iusques au temps que les Anglois occupoient la France, qu'ils feirent publier la susdicte ordonnance sur le reglement des monnoyes & officiers d'icelles, par laquelle ledit Recours sur le poids de chacune espece, est ordonné conioinctement auec le Remede de poids sur chacun marc, énoncé par vilains forts & vilains foibles: lequel Remede, sans vser de Recours, nous retenons encores à present en la fabriquation de nosdites especes, auec beaucoup plus de moderation neaumoins qu'ils n'en vsoient anciennement. Et pour le regard des Escharcetez de loy desdits ouurages, qu'elles ont semblablement commancé dés la fabriquation desdites especes, du moins qu'elles auroient esté ordonnées, du temps de Charles V. & ce, auec beaucoup plus d'exceds que nous ne les obseruons à present en France, tenans côme le milieu desdites Escharcetés qui se pratiquoient anciennement. Il resteroit encores à representer, comme lesdits Remedes ne sont pas seulement receus & pratiquez en France, ains par la pluspart des Princes de l'Europe: Ce que ie pourrois prouuer par leurs ordonnances mesmes, que i'ay par deuers moy: Mais, la crainte de trop enfler cette response, qui est ja paruenuë à vn exceds de grosseur inopinée, m'en fera differer la demonstration à vne autre fois: & conclurre sur ce premier chef, Que ce

n'eſt pas d'auiourd'huy que les droicts de Seigneuriage, Braſſage, & Remedes de poids & loy,
ſont pris en France ſur l'ouurage & fabriquation des monnoyes, comme les dacès ſur la marchandiſe venduë ; que c'eſt, comme de temps
immemorial ; & ce, auec beaucoup plus d'exceds qu'ils neſont à preſent. Venons aux autres chefs ſuyuans.

Quant eſt du deuxiéme, que leſdits Seigneuriage, Braſſage, & Remedes de poids & loy diminuent la valeur deſdites monnoyes, d'autant
que leſdits droicts & remedes montent, il n'y a
aucun qui en doute : Non plus que du troiſiéme, qui eſt que les monnoyes d'argent & billon, eu eſgard aux prix des marcs d'or & d'argent, ſont de moindre valeur que les monnoyes
d'or ; en ce que, leſdits droicts & charges ſont
beaucoup plus grands en la fabriquation de 48.
marcs de billon ou enuiron, qu'en vnze ou douze marcs d'argent ; & en vnze ou douze marcs
d'argent, qu'en vn ſeul marc d'or.

Mais que les monnoyes d'or, qui eſt le quatriéme chef, ſont à l'occaſion des trois ſuſdits,
eſtimées & ſurhauſſées de leur prix, en ce qu'elles ſont moins chargées deſdits droicts & remedes, que ne ſont proportionnément les 11. ou 12.
marcs en monnoye d'argent, & les 48. marcs en
monnoye de billon, c'eſt n'entendre la cauſe du
ſurhauſſement des monnoyes , auſſi bien que
Bodin. Examinons premierement les raiſons
dudit Sieur Godefroy ; puis nous confererons

les Aduis de l'vn & l'autre, d'où ils estiment chacun que vient le surhaussement de prix des especes.

L'on dit, & est tres-vray, que toutes choses
encherissent & surhaussent de prix, quand elles
sont estimées auec plus de poids ou quantité
d'especes d'or ou d'argent, qu'auparauant; comme, la voye de bois qui couste maintenant dix
ou vnze liures, & se paye de 12. pieces de Seize
sols & plus, nous disons qu'elle est encherie &
surhaussée de son prix, en ce qu'il n'y a qu'vn an
ou deux, qu'elle ne coustoit que six liures huict
sols, & se payoit de 8. desdites pieces de Seize
sols seulement : De mesme l'on ne peut dire, par
raison de monnoye, que l'or encherisse, sil n'est
estimé auec plus de poids d'argent ; ny au reciproque que l'argent encherisse, s'il n'est estimé
auec plus de poids d'or : Car ce qui donne prix à
l'or, est l'argent ; & ce qui donne prix à l'argent,
est l'or. Priser donques l'or, est l'estimer auec plus
de poids d'argent ; & priser l'argent, est l'estimer
auec plus de poids d'or : Comme par la derniere
ordonnance 1602. l'Escu d'or est estimé 65. sols,
& se paye de 4. pieces de Seize sols & 1. sold, que
si vous le vouliez estimer dauantage, faudroit,
laissant la piece de Seize sols à son prix, le faire
payer de plus grâde quantité desdites pieces de
seize sols ; & en ce faisant, ledit Escu seroit estimé auec plus de poids d'argent, comme il se pratique à present par volonté du peuple. Autre-
mêt, si vous haussiez le prix de l'Escu & celuy de

la piece de Seize sols à proportion l'vne de l'autre, côme l'on feit en ladite année 1602. vous ne priseriez l'or d'auantage; ains feriez seulemét vn surhaussemét de prix d'especes, sans venir à l'estimation ou enchere de l'vn desdits metaux. Et neaumoins, ledit Sr Godefroy nous veut faire croire, que le marc d'or en œuure, surhaulse entre nous, & augmente de son prix, en ce qu'il est estimé auec moins de quantité d'argent en œuure, qu'il ne l'est hors œuure; comme si le moins de poids d'argent mis contre l'or, le pouuoit faire encherir & surhaulser. Car, posé que ledit marc d'or fin hors œuure, fut estimé par ordonnance du Prince, douze marcs d'argent fin aussi hors œuure, chargeant proportionnément lesdits marcs d'argent de plus grandes Traittes & Remedes, que le marc d'or, vous diminuez à proportion de vosdites Traittes & Remedes, le fin de poids desdits marcs d'argent, & faites au lieu de 12. marcs d'argent hors œuure, qu'il n'y en restera possible qu'vnze marcs & demy ou enuiron en œuure, direz vous, que cette diminution de poids d'argent dont l'or est estimé en œuure moins que hors œuure, le fasse encherir & surhaulser de prix, seroit contre toute raison de mônoye. Au contraire de ce qu'estime ledit Sieur Godefroy, si cette disproportion desdites Traittes & Remedes pouuoit causer le surhaulsement de prix des especes, faudroit par raison de monnoye, & suiuant mon opinion, que lesdites Especes d'argent surhaulsassent de leur

prix, pluſtoſt que celles d'or ; en ce que propor-
tionnémément elles ſeroient plus eſtimées, à cauſe
des Traittes & Remedes dont elles ſont chargées, auec plus de poids d'or en œuure, qu'elles
ne le ſeroient hors œuure. Dauantage, ſi le ſurhauſſement de l'eſpece d'or, ſuyuant l'Aduis dudit Sieur Godefroy, venoit de ce que ladite eſpece eſt eſtimée auec moins de poids en eſpeces
d'argent en œuure, qu'elle ne le ſeroit hors œuure ; il s'enſuiuroit par meſme raiſon, Que leſdites eſpeces d'argent, eſtans au contraire touſ-
jours eſtimées en œuure auec plus de poids
d'or qu'elles ne le ſont hors œuure, ne deuroient iamais ſurhauſſer de prix ; ce qui eſt contre toute experience : Veu que, nous voyons
leſdites eſpeces d'argent ſurhauſſer en certaines
ſaiſons, & en aucuns Eſtats, auſſi bien que celles
d'or. Les meſmes raiſons dont ie me ſuis ſeruy
és eſpeces d'argent, ſe peuuent rapporter auſſi
aux eſpeces de billon : Car, ſi les eſpeces d'argent en œuure, pour eſtre diminuées de leur
poids à cauſe deſdites Traittes & Remedes, ne
peuuent encherir ny faire ſurhauſſer le prix de
l'eſpece d'or ; à plus forte raiſon leſdites eſpeces
de billon, qui ſont encores chargées proportionnément de plus grandes Traittes & Remedes que leſdites eſpeces d'argent, ne pourront
auſſi, comme elles ne peuuent, faire encherir ny
ſurhauſſer le prix de ladite eſpece d'or. Et à ce
propos, ie vous ſupplie de remarquer vne tres-
belle obſeruation, qui eſt venuë ie m'aſſeure en

l'imagination de plusieurs qui en ont ignoré la
cause; d'où vient, que par le susdict Registre entre deux aix l'on a tousiours dressé en France, &
dresse-l'on encore à present, le Pied des especes
d'or sur le prix du marc d'or fin, celuy des especes d'argent sur le prix du marc d'argent le Roy
de haute loy, qui a vne vingt-quatriesme partie
d'empirance moins que l'or fin, & celuy des especes de billon sur le prix du marc d'argent le
Roy de basse loy, qui est aussi estimé vne vingt-
quatriéme partie ou enuiron moins, que le prix
dudict marc d'argent le Roy de haute loy, qu'ils
appelloient anciennement Argent blanc, & Argent noir; veu que, tous les autres Princes de
l'Europe dressent le Pied de leursdites especes
sur le prix de l'or & argent fin; & que les essays &
iugemens de la bonté interieure desdits metaux,
ne se font que sur le fin seulement, & non sur la
loy dudict argent le Roy, dont ils ignorent l'v-
sage. Cecy m'y a fait aussi autres fois penser, &
en fin arrester, que les anciens Generaux Maistres, plus soigneux d'apprendre & d'entendre
le faict des monnoyes que nous ne sommes,
considerans qu'il ne se peut faire, que les Traittes & Remedes ne soient tousiours plus grandes
proportionnément sur la quantité des marcs
d'argent le Roy de basse loy en œuure de billon,
que sur vn marc d'argent le Roy de haute loy
aussi en œuure, & sur douze marcs d'argent le
Roy de haute loy ou enuiron en œuure, que sur
vn marc d'or fin aussi en œuure (prenans pour

Pied & fabriquation de leurs efpeces d'or le
prix du marc d'or fin) auoient choifi & retenu
pour la fabriquation de leurs efpeces d'argent, le
Pied du marc d'argent le Roy de haute loy, eftimé vne vingt-quatriéme partie au deffous du
prix de l'argent fin ; & pour la fabriquation des
efpeces de billon, le Pied du marc d'argent le
Roy de baffe loy, auffi eftimé ordinairement
vne vingt-quatriéme partie ou enuiron, moins
que le prix dudict marc d'argent le Roy de haute
loy ; affin de faire porter les Traittes, qui font
plus grandes proportionnément fur les efpeces
d'argent que fur celles d'or, & fur les efpeces de
billon que fur celles d'argent ; faifans par ces ra-
ports de l'argent le Roy à l'or fin, & de l'argent
de baffe loy à celuy de haulte loy, que lefdites
efpeces d'or, d'argent, & billon reuinffent en
œuure, nonobftant les fufdictes differences de
Traittes, à la iufte Proportion par eux defirée.
Lequel argent à vnze deniers douze grains fin,
auroit depuis efté furnommé Argent le Roy,
pour auoir efté choifi & retenu par le Roy, pour
le Pied & fabriquation de fes efpeces d'argent :
& non, ainfi qu'aucuns eftiment, pource que,
lors que nos Roys permirent aux Prelats & Ba-
rõs de leur Royaume de faire battre de la menuë
monnoye en leurs Terres, qu'ils les euffent obligez de la fabriquer d'argent fin, eux fe referuans
de faire ouurer la leur à vnze deniers douze
grains feulement : Ce qui eft fans fondement de
raifon ; car par l'Eftat baillé aufdits Prelats &

Barons en l'Année 1315. par Iean le Paulmier,
Nicolas des Moulins & autres Generaux Maiftres de ce temps là, & regiftrée en voftre Regiftre entre deux aix, leurfdictes monnoyes ne
font la pluspart qu'à 3. & 4. deniers de loy Argent le Roy, n'y ayant que celle du Mans qui eft
à 6. deniers de loy dudit Argent le Roy. Qui
monftre, & qu'ils ne trauailloiët fur le fin, & que
leurfdictes monnoyes eftoient dreffées fur l'Argent le Roy, auffi bien que celles defdits Sieurs
Roys. Et ne peut-on douter, que leurfdictes
Monnoyes fuffent fabriquées auparauant fur
argent de meilleure loy & bonté, d'autant que
par l'ordonnance de Philippes le Bel, donnée au
mois de Iuin 1313. regiftrée audit Regiftre entre
deux aix, fol. 50. art. 15. eft commandé, *Que nuls
defdits Prelats & Barons ne puiffent alleger ne empirer
leurs monnoyes de poids, de loy, du poinct & de l'eftat
ancien; & fe ils font le contraire, deflors en auant auront leurs monnoyes forfaictes à toufiours:* Et par les
13. & 14. articles de ladicte ordonnance leur eft
deffendu, *De faire ouurer, ne commancer leurs monnoyes, iufques à tant qu'ils ayent lettre dudit Sieur, contenant comment, & quant ils deuront ouurer:* lefquelles Lettres, eft le fufdit Eftat baillé par lefdits le Paulmier & autres Generaux en ladicte
année 1315. dreffé fur le poinct & eftat ancien de
leurs mōnoyes. Qui me fait dire, que leurfdictes
monnoyes n'ont efté de plus fin argent que celuy porté par le fufdict Eftat: puis que, par cette
prefente ordonnance, il leur eft deffendu de

cômancer à ouurer auparauant qu'auoir Lettres
dudit Sieur ; ny d'alleger auſſi, ne empirer leurs
monnoyes, de poids, de loy, du poinct, & de l'e-
ſtat ancien. Ie reuiens donques, & conclu ſur ce
quatriéme chef, Que l'exceds des Traittes, qui
ſont plus grandes proportionnément ſur les eſpeces d'argent & billon, que ſur celles d'or, ne
peuuent eſtre cauſe du ſurhaulſement de prix
deſdictes eſpeces d'or, encores que cet exceds
des Traittes diminuë en œuure le fin de poids
des eſpeces d'argent & billon; parce que, la cauſe
originaire du ſurhaulſement deſdictes Eſpeces
d'or, ne ſe fait à preſent ſinon en les eſtimãs auec
plus de poids d'argent. Tout le faict des monnoyes eſt ſubject à ces faulſes imaginations, qui
ont quelque eſclat de premier abord, quand il
n'eſt manié auec ſcience & cognoiſſance au
faict deſdictes monnoyes. Le reſte des raiſons de
cet Aduis, ſont autant ayſées à deſtruire, qu'elles
ſont communes auec les raiſons de ceux qui ont
cy deuant eſcrit ſur meſme ſubject; occaſion que
ie ne m'y arreſteray d'auantage.

Ainſi l'opinon de Bodin eſt differente d'auec
celle dudict Sieur Godefroy, en ce que Bodin
dit, que le ſurhaulſement de prix des monnoyes,
vient de la fabriquation des eſpeces de billon;
s'imaginant que les eſpeces d'argent de meſme
poids, & de differente bonté, ayent cours & s'ex-
poſent parmy le Peuple, pour meſme prix que
celles qui ſont de meilleure loy ou bonté. Et le
Sieur Godefroy, que le ſurhaulſement de prix

de noſtre Eſcu, vient de ce qu'il n'eſt eſtimé en
œuure, auec autant de poids ou quantité d'eſpeces d'argent, que hors œuure. L'vn & l'autre
neaumoins s'accordans en cela, auſſi bien que
tous nos donneurs d'Aduis de l'année ſix cens
neuf, que l'idemtité de poids & bonté interieure
des eſpeces d'or à celles d'argent, (qu'ils appelloient Proportion, & que ledit Sieur Godefroy
dit eſtre tant deſirée) ſoit vn moyen neceſſaire,
pour empeſcher le ſurhaulſement de prix de
noſdites eſpeces; ce que i'ay refuté ailleurs, ainſi
que i'ay dit cy deſſus. Non que ie blaſme cette
idemtité & correſpondance de poids & bonté
interieure de l'or à l'argent en œuure; mais ie dy
qu'elle ne peut retenir le ſurhaulſement de prix
de noſdites eſpeces : comme au reciproque, leur
difference de poids & bonté interieure, ne peut
auſſi cauſer leur ſurhaulſement ; pourueu que
noſdites eſpeces ſoient eualuées ſur meſme prix
des marcs d'or & d'argent, & eſgalées en leurs
Traittes, ainſi que l'on a accouſtumé, & qu'il fut
pratiqué en ladicte année 77. Mais que la cauſe
originaire du ſurhaulſement de prix deſdites
eſpeces, eſt la difference de Proportion qu'obſeruent nos voiſins, en l'eſtimation de leurs eſpeces d'or & d'argent : repetons ſuccinctement
cettedicte Proportion.

Proportion, eſt la quantité des eſpeces d'argent que le Prince, par vn prix & Compte numeraire receu & different en chacune Prouince,
met & fait courir contre vne ſeule eſpece d'or,

femblable en poids & bonté interieure à celle
d'argent : Ou autrement, c'est le prix que le Prince donne plus ou moins à son espece d'or qu'à ses
especes d'argent, par le moyen duquel, la quantité desdites especes d'argent contre celle d'or
de mesme poids & bonté, est augmentée ou di-
minuée, à l'esgard de celle de ses voisins. Or ce
prix & Compte numeraire receu & pratiqué en
chacune Prouince, est presque par tout different, peu ou point subiect à changer, & neaumoins reel & essentiel, qui arreste & donne prix
à toutes choses, comme font les mesures & les
poids, aux estoffes & matieres. Ainsi en Espagne, ils comptent par Marauedis ; en Portugal,
par Raiz ; en Flandres, par liures de Gros, liures de
Patarts & Stuffers ; en Attois, par Florins, Pa-
tars & Deniers ; en Angleterre, par liures de Sterlins, liures de Schelings & par Pens ; en la plus-
part d'Italie, par Lires ou Liures, Sols & Deniers ; en Allemagne, par Florins, Bats & Pfennings ; en France, par Liures, Sols & Deniers, &
ainsi des autres : Et toutesfois, ce Compte numeraire est tellement necessaire pour bien entendre
la Proportion obseruée dans chacune Prouince, que sans iceluy, ensemble le poids, bonté interieure, cours des especes, & prix des marcs d'or
& d'argent arrestez par ordonnance, il est impossible de la sçauoir au vray. Car, d'arrester & sup-
puter ladicte Proportion sur le cours que le
Peuple donne aux especes, seroit abus : parce
qu'en tout Estat, lesdictes especes, comme à pre-

fent celles d'or, ont accouftumé de furhauffer
de prix contre l'ordonnance, & à la volonté du
peuple; de façon que, faire cette fupputation fur
le cours que le peuple dône à l'efpece, feroit vne
faulfe eftimation, autant incertaine que le cours
de l'efpece eft muable, & fubject tantoft à haul-
fer, & tantoft à rabaiffer; ainfi que l'on dit qu'il
aduient fouuent en Italie. Doncques, fuiuant
la fupputation que i'en ay faite fur le Compte
numeraire de monnoye receu & pratiqué dans
chacune Prouince; & fur le prix auffi, qui eft
donné aux efpeces par chacune des ordonnances d'icelles, ie dy, qu'en Efpagne, par la derniere ordonnance publiée à Madrid, en l'année
1609. inferée au Cayer de la nouuelle Recopilacion, fol. 67. le Piftolet ayant cours pour 440.
Marauedis, & la Realle d'argent pour 34. Marauedis feulement, il ne s'y obferue qu'vne Proportion 13. & vn tiers. En Angleterre, par ordonnance donnée à Neuf-marché, au mois de
Nouembre 1611. les Iacobus qui font du poids
de 7. deniers 22. grains, reuenans à 24. piece &
demie de taille au marc, & à 22. Carats d'or fin,
ayans cours pour 22. Schelings piece; & lefdits
Schelings de 40. pieces de taille au marc, à vnze deniers argent fin, & demeurans au cours de
douze Pens piece, que l'on y garde vne Proportion 13. & 19. quarantiéme de marc, qui eft
fort pres d'vn demy marc. La plufpart des autres Eftats voifins de la France, ayans rabaiffó
depuis quelques années, & le prix de leurs efpe-

ces, & leurdite Proportion au deſſous de la trei-
ziéme : comme en Flandre, où par ordonnance
de l'année 1609. donnant cours à nos Eſcus pour
ſoixante & douze patarts, & à nos Quarts-d'Eſcus pour quinze patarts ſeulement, l'on y gardoit lors vne Proportion 13. & 85. trois cens quatre vingt quinziéme de marc, qui abreuiez valent vn quatriéme de marc ou enuiron ; maintenant par ordonnance du vnziéme Mars mil ſix
cens vnze, ſes doubles Ducats eſtans de vingt-
cinq pieces de taille au marc, à vingt-trois Carats & vn quart d'or fin, & ayans cours pour ſept
florins dix - huict patarts piece ; & les eſpeces
d'argent de trois Reaux, de vingt-ſix pieces de
taille en leur marc, à dix deniers dix-huict grains
fin, (les trente-ſix faiſant le denier de fin) & ayans
cours pour quinze patarts piece, il ne s'y obſerue qu'vne Proportion 12. & 214. quatre cens
trente-huictiéme de marc, qui abreuiez vallent
vn demy marc ou enuiron.   A Milan, Iean de
Velaſco Gouuerneur dudit Duché pour le Roy
d'Eſpaigne , par ſon ordonnance derniere du
quinziéme Auril mil ſix cens vnze, ayant rabaiſſé le prix des eſpeces porté par l'ordonnance
mil ſix cens deux, donne cours aux Doublons
dudit Duché, du poids de cinq deniers dix grains
piece, reuenants à quatre pieces & demye de
taille en l'once, à vingt-deux Carats d'or fin, &
ayans cours pour treize liures dix ſols piece;
& les Ducatons d'argent, chacun du poids d'vne
once deux deniers ſept grains & vn ſixiéme

de grain, à vnze deniers douze grains argent fin,
& ayans cours pour cinq liures quinze fols piece, il s'y obferue vne Proportion douziéme &
plus.   En Allemagne pareillement, par ordonnance de Frideric Comte Palatin du Rhin donnée à Heydelberg le premier Mars mil fix cens
huict, confirmée par autre ordonnance des trois
Electeurs Ecclefiaftics de l'Empire, donnée à
Bacharach enfuiuant en ladite anné mil fix cens
huict, & depuis auctorifée par vne troifiéme
ordonnance de tous les Eftats d'Allemagne,
tant Ecclefiaftiques que feculiers; de la haute
Prouince du Rhin, donnée à Vuormes le quatriéme Mars mil fix cens neuf, rabaiffant le prix
de leurfdites efpeces, mefmes celuy de leurfdits
Pfennings, ordonnent que les Efcus de France
auront cours pour 30. Bats, & les pieces de Vingt
fols pour 9. Bats feulement, ne gardans à ces prix
qu'vne Proportion douziéme & 1. fixiéme ou
enuiron. Et nous en France, par l'Ordonnance
derniere 1602. donnans cours à nos Efcus pour
65. fols piece, & à nos Quarts d'Efcus pour 16.
fols tournois, ne gardons à raifon de cefprix
qu'vne Proportion vnziéme & 1. fixiéme ou enuiron, ainfi que i'ay dit ailleurs; La ou par volonté du Peuple, lefdits Efcus ayans cours pour 75.
fols, & lefdits Quarts-d'Efcus pour 16. fols, il s'y
obferue vne Proportion douziéme, & 365. quatre cens troifiéme, qui font plus de 7. huictiémes de marc: lequel cours neaumoins, eft encores moindre que celuy qui leur feroit donné en
Efpa-

Efpagne & Angleterre, s'ils y eftoient receus,
ou, à raifon de leurfdictes Proportions & cours
de leurs efpeces d'or, ils y deuroient courir pour
plus de 4. liures tournois piece. Par l'enumeration de toutes lefquelles differences de Proportions, nous voyons, que les vns, par ordonnances, donnent plus de poids d'argent contre
l'or, comme font à prefent les Efpagnols, &
Anglois; & les autres, moins de poids d'argent
contre l'or, comme les Flamans, Allemans
& Milanois; & que nous feuls, de tous nos voifins, en donnons encores pres de 1. douziéme
partie moins, que le Milanois qui en donne le
moins d'entre eux. De façon que, par l'ordonnance Six cens deux, tirée de celle de Soixante &
dix-fept, eftimans l'or vne douziéme partie d'argent moins que ne fait celuy de nos voifins qui
garde vne plus baffe Proportion, qui eft le Milanois, nous faifons, que quand l'on nous paye au
prix de noftre ordonnance la valeur de 1. marc
d'or en efpeces d'argent, nous receuons 1. douziéme partie ou enuiron d'argent moins que ledit Milanois, qui garde vne Proportion douziéme, & deux & pres de trois douziémes parties
moins, que lefdits Efpagnols & Anglois, qui
gardent des Proportions plus que 13. & pres que
14. Cecy eft clair, neaumoins l'exemple pris fur
vn Compte numeraire d'vne Prouince, en facilitera d'autant plus l'intelligence. Prefuppofé
qu'en tous les Eftats fufdits, l'on comptaft à Liures, Sols & Deniers, comme l'on fait en France,

& que tous auſſi feiſſent fabriquer dès Piſtolets d'or, & Realles d'argent, de meſme poids & bonté les vnes que les autres; pour monſtrer comment l'or ſurhaulſe (poſé que la Realle d'argent ſoit par eux tous arreſtée à 5. ſols) L'Anglois, qui garde vne Proportion 13. & demie, feroit courir dans ſon pays ledit Piſtolet, pour 67. ſols 6. deniers, valeur de 13. Realles & demye, à raiſon de 5. ſols piece : L'Eſpagnol, qui garde vne Proportion 13. & 1. tiers, la feroit courir dans le ſien, pour 66. ſols 8. deniers, valeur de 13. Realles & 1. tiers: Le Flamand, qui garde vne Proportion 12. & demye, donneroit cours à ſondit Piſtolet, pour 62. ſols 6. deniers, valeur de 12. Realles & demye: Le Miſſanois & Alleman, qui gardent vne Proportion 12. ou enuiron, le feroient courir dans le leur, pour 60. ſols, valeur de 12. Reales: Et nous ſeuls de tous nos voiſins, ne le ferions courir en France que pour 55. ſols, valeur de 11. Realles ſeulement, qui ſont, ſur 55. ſols, 12. ſols 6. deniers, valeur de 2. Realles & demye, que nous priſons noſtredit Piſtolet moins que leſdits Anglois. Or ie dy, que de cette ſeule difference de Proportion que les ſuſdits Princes gardent entre l'or & l'argent, vient à preſent le ſurhaulſement de prix de noſtre Eſcu, qui eſt, par leurs ordonnances meſmes, eſtimé auec plus de poids d'argent que ne l'eſtimons en France; c'eſt à dire, qu'il a cours dans leurs Prouinces pour dix ou douze ſols, plus qu'il ne ſe doit expoſer en France : & qu'en ce faiſant, cette

difference & exceds de prix le fait furhaulfer
par les noftres & par ceux des autres Eftats ou il
n'eft rant eftimé, afin de le tranfporter, par le
moyen du traffic ou autrement, en celles des autres Prouinces ou il l'eft d'auantage, qui eft à
prefent l'Angleterre & l'Efpagne: Et non, de la
fabriquation & cours des efpeces de billõ, comme veut Bodin; ny de la difference des Traittes,
qui font plus grandes proportionnement fur
l'ouurage de billon & argent, que fur l'or, comme dit, ledit Sieur Godefroy. Ny, que fon compte auffi à Gros d'Argent, ne nous garantiroit
maintenant de ce furhaulfement, ainfi qu'il
pourroit s'imaginer auoir fait celuy à Efcus introduit en ladicte année Soixante & dix fept,
pour deux raifons; La premiere, parce que
(comme i'ay dit) ce qui feit conferuer & durer
cette ordonnãce 15. ou 16. ans en fon entier, ne
fut ledit compte à Efcus; ains l'égalité des Traittes, & la bonne Proportion choifie commune
auec tous fes voifins. Et l'autre, parce que le
furhaulfement des Efpeces qui eftoit en ladicte
Année 77. aduint par autres caufes & bien differentes de celles, qui font à prefent furhaulfer
nofdictes efpeces d'or; qui eft ce que i'ay promis traitter au commancement de cette Refponfe.

Afin de m'en acquitter, & la fermer, vous
vous fouuiendrez, s'il vous plaift, Monfieur,
Que du regne de François premier, & princi-
pallement depuis l'ordonnance 1540. les efpe-

ces estrangeres commancerent à courir en plus
grande quantité que auparauant, ledit Sieur or-
donnant l'impression de leurs figures, afin d'en
recognoistre plus aisément le prix. Que cette
quantité accreust grandement sous Henry 2. par
ordonnance du mois d'Octobre 1555. par laquelle fut donné cours à vne infinité d'especes estrangeres de bas or, & billon, non comprises en la
precedente. Et depuis encores, iusques à l'ordonnance Soixante & dix-sept, lesdits especes
estrangeres venans à s'augmenter en extremité,
les particuliers, côfus en cette multiplicité, ignorans & leur prix & leurs coings, estoient contraints les demander à autres aussi ignorans
qu'eux, qui les leur disoient tels qu'ils se l'imagi-
noient; en cette varieté de coings, & incertitude
de prix, le debteur prenant son temps, commença de donner cours à l'espece incogneuë, la sur-
haulsant à ce commancement peu à peu, puis
tout à coup l'eslançant à vn exceds de prix, selon
& que sa necessité, & que son vtilité l'y poussoit.
Ce qui fut recogneu par ceux qui entendoient
lors faict des monnoyes, qui introduirent le
Compte à escus, afin de retenir le debteur: Sans
approfondir neaumoins la cause premiere, qui
l'auoit porté à ce surhaulsement, qui ne pouuoit
estre autre que la confusion & quantité desdits
especes, tant estrangeres que autres, qui auoient
lors cours parmy le Peuple. Car, és Estats où il y
court peu d'especes de differents coings & prix,
vous n'y voyez point aduenir de tels surhaulse

mens, caufez par le debteur. Et l'vn des plus af-
feurez moyens pour les recognoiftre , d'auec
ceux qui aduiennent par les Princes voifins, eft
quand les efpeces d'or & d'argent courantes en
la Prouince, font furhauffées toutes enfemble à
l'efgard les vnes des autres : comme il aduint en
ladicte année Soixante & dix-fept , ou l'Efcu
d'or s'expofoit, comme i'ay dit , pour fix liures
tournois, lors que la piece de Vingt fols auoit
cours pour 40. fols, & le Tefton pour 30. fols
tournois : cette propofition eft de trop longue
haleine, & me feroit fortir de mon fuiect fi ie la
pourfuiuoy. Ceux donques qui eftoient en ladicte année Soixante & dix-fept, fe perfuadans
que le furhauffement des efpeces , venoit du
Compte imaginaire de la Liure, à laquelle, difoient-ils, vn chacun donnoit tel prix qu'il vouloit, par la malice du debteur ou payeur, qui
comme maiftre d'icelles & afin d'en moins payer
en quantité, tafchoit toufiours de les expofer à
plus haut prix que l'ordonnance, iugerent , que
pour remedier à tel defordre, n'y auoit meilleur
moyen , que d'arrefter le compte de la monnoye fur vne efpece folide & non variable, comme eftoit, difoient-ils, l'Efcu d'or, qui s'eftoit
conferué, depuis fa fabriquation, dans fes poids
& bonté interieure, fans aucune alteratiõ. Qu'en
ce faifant, l'on arrefteroit le gain que faifoit le
payeur, lequel on obligeoit, & de compter fur
iceluy, & de le payer à fon creancier, ou fa valeur, en efpeces permifes par l'ordonnance. Ce

Compte eſtably ſur vne eſpece ſolide (que l'on
pouuoit auſſi bien, voire mieux, arreſter ſur l'argent que ſur l'or) euſt lors quelque effect à l'en-
droict du Peuple, laſſé & trauaillé de ce grand
ſurhauſſement qui luy eſtoit ſi extremement
preiudiciable ; & le receut (ainſi qu'aucuns du
temps ont eſcrit) auec ſi grand contentement
& allegreſſe, que poſtpoſant tout proffit particulier, à la perte qu'il faiſoit ſur le rabais de
ſes eſpeces, ſe rangea de luy meſme, & ſans aucune difficulté, ſous l'execution d'iceluy. Ainſi
la cauſe originaire du ſurhauſſement de prix des
eſpeces, qui aduint en ladicte année 77. prenant
ſon origine de la quantité, varieté des figures,
& incertitude de prix des eſpeces eſtrangeres,
ſurhauſſées à deſſein par le debteur afin de moins
payer, fut arreſté par le Compte à Eſcus introduit en ladicte année ; parce que, ce ſurhauſſement venoit du debteur, ayſé à reprimer ; lequel
n'encheriſſoit l'vne des bonnes eſpeces, ains les
ſurhauſſoit ſeulement à l'eſgal les vnes des autres : Mais le ſurhauſſement de prix de noſtre Eſcu, qui ſe fait à preſent & aduient par les differences de Proportions obſeruées par nos voiſins, qui l'eſtiment dans leurs Eſtars, & par leurs
ordonnances, pres de 1. quart-d'Eſcu de poids
d'argent plus, que ne l'eſtimons par la noſtre, ne
peut ny ne ſçauroit eſtre retenu, par vn ſemblable Cõpte ; parce que, maintenant, nous auons affaire à des Princes ſouuerains auec leſquels nous
traffiquons, qui par ordonnances encheriſſent,

comme dit est, nostredit Escu, auec plus de poids
d'argent que nous ; qui n'auons, ny pouuoir sur
eux pour les reprimer, ny authorité pour les for-
cer de reuenir à ce rabais, comme nous feimes le
niais debteur en la susdicte Année : lequel n'en-
cherissoit lesdites especes, ains ne faisoit que les
surhaulser de prix, à l'esgal les vnes des autres. Ie
ne veux pourtant blasmer le Compte sur vne Espece de poids certain & arresté, ie le recognois
tres-vtile & par fois necessaire, en vn grand Reiglement de monnoye, quand il est dressé, comme i'ay dit, & sur vne bonne Proportion, & que
l'on le fait aussi rapporter, à vn prix entier des especes courantes : Mais ie ne puis approuuer, ny
n'estime pas, qu'il se treuue aucun experimenté
en faict de monnoye, qui puisse ny vueille approuuer non plus que moy, celuy-cy à Gros d'argent que nous veut introduire ledit Sieur Godefroy ; lequel, outre les incommoditez remarquées cy dessus, ne se peut pareillement rapporter, ny à aucun prix entier de nos especes, ny à la
Proportion que sommes obligez d'obseruer.
Vous en particulier, Monsieur, & le Corps en general de vostre Compagnie, en estes, par dessus
tous autres, la vraye pierre Lydienne.

*Vostre tres-humble & tres-affectionné
seruiteur, Poullain.*

Acheué au mois d'Auril 1612.

DV DESORDRE QVI EST

maintenant aux monnoyes d'Espagne : où
est refuté succinctement l'opinion de Bodin,
& autres, qui tiennent la fabriquation des
Especes de billon estre cause du surhaussement de prix des Especes d'or & d'argent:
& monstré, par raison de monnoye, que
ladite fabriquation des Especes de billon ou
cuivre en quantité, fait encherir en Espagne le prix de toutes choses : qu'elles y
ruynent le traffic : augmentent la necessité:
& quel reglement l'on y peut apporter à
present.

A Monsieur le Chancelier.

ONSIEVR,
Maintenant que la France
est vnie auec l'Espagne par le
lien de ces augustes mariages,
& que Monsieur l'Ambassa-
deur, à ce que l'on dit, est sur
les termes de s'en retourner, ie croy, Monsieur, que ne manquerez, apres qu'il aura prins
congé du Roy & de la Royne, de luy donner en

forme de cumplimẽs, d'vtiles & falutaires aduis
pour la conſeruation & augmentation de l'Eſtat
de ſon Prince, comme par les meſmes Conſeils,
vous ſçauez conſeruer & augmenter celuy-cy.
Et d'aultant que le deſordre qui eſt à preſent en
leurs monnoyes, eſt vn des plus importans que
l'on luy puiſſe remonſtrer, i'ay prins la hardieſ-
ſe, Monſieur, de le vous repreſenter; afin que
le ioignant à vos autres belles conceptions, vous
redreſſiez cet Eſtat, qui ſemble à aucuns, chan-
celer & decliner.

Le deſordre eſt tel. Le Roy d'Eſpaigne, par
Edict du mois de Septembre 1603. a deſcrié les
bonnes Quartilles (qui eſtoient groſſes pieces
de billon du poids & bonté interieure enuiron
de nos anciennes pieces de 3. blancs) dont les 4.
auoient cours entre ſes ſubjets, pour vne Reale
d'argẽt: & au lieu d'icelles, a introduit la fabrication d'autres meſchantes eſpeces de cuivre ou
vil billon, qu'il a fait auſſi appeller Quartilles, de
meſmes cours & poids ou enuiron que les precedentes, ſans que ſes ſubjects les requiſſent; ſans
aucune neceſſité de ſa part; & ſans auoir arreſté
auparauãt la quantité de leur ouurage à certaine
ſomme, ainſi que l'on a accouſtumé de pratiquer
en telles permiſſions: De ſorte que, la fabriquation de telles mauuaiſes eſpeces y ayans continué, depuis ladicte année ſix cens trois iuſques à preſent, cet Eſtat s'en treuue à preſent
tellement remply, qu'il ne s'y reçoit preſque
autre monnoye, és payements notables qui s'y

ſōt.L'exceds deſquelles Eſpeces,y a fait encherir le prix de toutes choſes neceſſaires à la vie humaine,y a ruïné le traffic,aneanty beaucoup de familles & de particuliers,& y cauſera encores vne plus grande extremité,neceſſité,& cherté, s'il n'y eſt promptement pouruen.

D'aultant que,par la Reſponſe au placet preſenté au Roy,par Anthoine Raſcas ſieur de Bagarris,i'ay prouué,par raiſon de monnoye,que la fabriquation en quantité d'eſpeces de fort bas billon ou cuivre dans vn Eſtat,eſtouffe & chaſſe les bonnes eſpeces d'or & d'argent,parce qu'elles y tiennent lieu, & y ſeruent autant que les bonnes, ſans auoir monſtré , comment cette meſme fabriquation de mauuaiſes eſpeces,fait encherir en iceluy toutes choſes neceſſaires à la vie humaine, qu'elles y ruynent le traffic, & augmentent la neceſſité; ie me ſuis reſolu(apres auoir ſuccinctement refuté l'opinion de Bodin, & autres, qui tiennent cettreditte fabriquation de billon eſtre cauſe du ſurhauſſement de prix des eſpeces d'or & d'argent) de le vous déduire en ce diſcours, & le prouuer par raiſon monnoye, & par exemples prins de leur hiſtoire,& de la noſtre meſme.

C'eſt vn grand abus de croire,que la fabriquation & cours des eſpeces de billon,dans vn Eſtat,eſt cauſe de faire ſurhauſſer le prix des eſpeces d'or & d'argent: & de s'imaginer auſſi,que tout le deſordre qui aduient aux monnoyes ne prend ſa ſource,que de la fabrication dudit billō.

Bodin a esté le premier qui a tenu cette opinion, du moins qui l'a escrite, & qui a eu tout plein de suiuans aussi peu sçauans, en faict de monnoye que luy : ausquels i'ay fait vne ample Response en respondant à l'Aduis de M. Denis Godefroy, cy deuant Procureur du Roy en la Cour des mónoyes. Pour vous en abreger la lecture, ie me contenteray de vous representer icy sommerainement l'opinion dudit Bodin, prinse du 3. Chapitre du 6. Liure de sa Republique ; où il dit, *que pour empescher que les monnoyes ne soient alterées de leur prix, l'on doit ordonner qu'elles soient de metaux simples* : s'imaginant par tout ce Chapitre, que la difference & inegalité de bonté qui est és especes d'or, ou és especes d'argent de mesme poids, ne les fait changer, ny ne les fait estimer entre le peuple de cours ny de prix differend : & qu'en ce faisant, l'espece de billon, qui est tousjours de moindre bonté que l'espece d'argent, estant de mesme poids, fait encherir & augmenter le prix de celle d'argent de plus grande bonté ; & les Especes d'argent à la mesme raison estans de mesme poids que celles d'or, & neantmoins differētes de bonté, qu'elles font semblablement surhausser le prix & cours de l'espece d'or. Abus si grand & si grossier, que ie ne sçay cōment il a eu des Sectateurs : Car, s'il parle pour le peuple, qui peut estre circonuenu en l'exposition de l'espece, ignorāt le fin & la bonté interieure qu'elle tient, cela auroit quelque apparence à l'endroit de ces pauures reuen-

deuſes,qui n'ont accouſtumé de voir ny receuoir qu'eſpeces de billon ou cuivre , pour la
vente de leurs marchandiſes. Auſſi , telles gens
ſe donnent bien garde de prendre en payemēt
autres eſpeces,que celles qu'elles ont accouſtumé de voir,& dont elles cognoiſſent la marque
& le coing. Que s'il veut parler des marchands
& Banquiers,qui ont accouſtumé de traffiquer
au dehors, il n'y a aucun d'eux qui ne cognoiſſe
le poids, la bonté, & le cours deſdites eſpeces,
mieux,bien ſouuent,que ceux qui en font profeſſion, & qui ne ſoient tres-aſſeurez, parauant
que les receuoir,de les remettre en d'autres païs
où ils traffiquent,pour le meſme prix,voire plus
grand que celuy pour lequel il les reçoiuent :&
quand aucunes Eſpeces ſe preſentent dont ils
ne cognoiſſent le coing, poſſible pour eſtre de
trop nouuelle fabriquation,ils ſe donnent bien
garde de les receuoir à leur dommage: Ainſi,
de dire que le peuple ou le marchand peuuent
eſtre trompez en l'expoſitiō des eſpeces,pour ne
cognoiſtre la bonté interieure d'icelles, il n'y a
aucune apparence.   Que s'il entend parler des
Princes, ou de leurs Officiers des monnoyes,cō-
me il ſemble les vouloir attaquer, il trouuera ,
qu'en quelque Eſtat que ce ſoit,le prix qui eſt
mis ſur l'eſpece ne luy eſt donné qu'à raiſon du
poids,& de la bonté qu'elle tient: Cōme,poſé
que dans vn meſme Eſtat, l'on y fabrique deux
ſortes d'eſpeces d'argent de meſme poids, & de
differēte bōté(ce qui eſt neceſſaire par-fois d'ob-

interieure

ſeruer meſmes en ceux qui ſõt les mieux reglez)
ſçauoir l'vne à 11. deniers de fin, & l'autre à 9. deniers de fin ſeulement, qui ſont 2. deniers de difference de bõté, l'eſpece qui ſera à 11. deniers de
fin, aura cours par ordõnãce, pour plus grãd prix
que celle qui n'eſt qu'à 9. deniers de fin; & ainſi
du plus au plus, & du moins au moins. Et cela ne
ſe pratique pas en vn ſeul Eſtat, mais vniuerſel-
lement en tous les autres, où il s'y obſerue tant
ſoit peu de reglement aux monnoyes : comme en France, en Angleterre, ez Pays bas, en Allemaigne, en Italie, en Eſpagne, & par tout ailleurs, ou touſiours à la fin des ordonnances des
monnoyes, l'on met le prix des marcs d'or &
d'argẽt de differentes bontés, ſuyuant le tiltre &
la bonté interieure de chacune qualité des eſpeces ayãs cours, ou deſcriées. Et en Eſpagne, nos
Eſcus, qui ſont prez d'vn Carat meilleurs que
leurs Piſtolets, y ont cours (ainſi que dit Moya
en ſon *Manual de Contadores*) pour plus grand
prix que leſdits Piſtolets. De meſme en Flandre,
où les eſpeces eſtrangeres y ont cours, elles ſont
éualuées ſur le prix des leur, à raiſon du poids &
du fin qu'elles tiennent; ce qui ſe peut aiſément
verifier par leurs ordonnances & Placarts qui ſe
publient en François pour les pays de Luxem-
bourg, Haynault, Namur, l'Iſle, Orchies, Doüay,
Tournay, & autres.

M. Denys Godefroy, cy deuant Procureur du
Roy en la Cour des monnoyes, par vn Aduis preſenté au Roy, y a vn an ou enuiron, tendant à em-

pescher le surhaussement de prix de l'Escu, & le
reduire à sa iuste valeur, apres s'estre seruy des
mesmes raisons dont Bodin se sert dans le susdit
Chapitre, dit, Que le surhaussement de prix de
l'Escu vient, de la disproportion en œuure qui
est entre les especes d'or, d'argēt, & billon : d'autant, que pour acheter vn marc d'or en œuure
d'escus, faut quarante-huict marcs, ou enuiron,
en œuure de Douzains, & douze marcs ou en-
uirõ, en œuure de Quarts-d'escus : La façon desquels marcs d'argent & billon, couste beaucoup
plus proportionnément, que la façon seule du
marc d'or, ce qui est vray : Mais, que ces frais de
façon, qui sont plus grands sur le billon que sur
l'argent, & sur l'argent que sur l'or, soient cause
du surhaussement de prix de nostre Escu, c'est
grandement errer en Faict de monnoye. Car, ce
qui fait augmenter le prix de l'escu, est quand
il est estimé, dans vn Estat où vos subjects traffiquent, auec plus d'especes d'argent qu'au vostre:
Comme, posé qu'en France nostredit Escu ne
fut estimé, comme il n'est par ordonnance, que
quatre Quarts-d'escus d'argent & vn sold, &
qu'en Flandre, ce mesme Escu y eust cours pour
cinq desdits Quarts-d'escus, ce Quart-d'escu, ou
enuiron, que l'on donne en Flandre de plus,
pour vn de nosdits Escus, l'y fera porter par les
nostres mesmes, afin d'y gaigner dessus ; & le fera encores encherir entre nous, par ceux qui
l'y vont porter, qui seront bien aises de l'acheter icy quatre Quarts d'escus & plus que demy,

bien que par ordonnance il n'en vaille que quatre, afin de le porter en Flandre, & gaigner encores sur iceluy, deux ou trois fols pour le moins.
Ainsi, ce qui fait encherir le cours de nostre Escu,
est, quand il est estimé premierement par les estrangers, puis par nous mesmes, auec plus de
poids en especes d'argent qu'au precedent. Et
neaumoins, par les raisons cy dessus, ledit sieur
Godefroy au contraire, veut que ledit Escu encherisse & augmente de prix, pour estre estimé
de moins de poids d'argent en œuure que ledit
Escu hors œuure ne le seroit en Quarts-d'escus
d'argent aussi hors œuure; comme, si la diminution du poids d'argent des Quarts-d'escus en
œuure, dont l'escu est estimé, le pouuoit faire
surhausser de prix: le mesme est-il du billon. Que
si, il repartoit, Que la cõmodité de l'or, qui poise
& occupe moins de lieu en sa valeur que l'argẽt,
& l'argent moins que le billon, est cause du surhaussemẽt dudit Escu; l'on luy pourroit respõdre
que cette mesme cõmodité est cõmune en tous
les autres Estats, où l'argẽt & le billõ y ont cours
concurrément auec l'or : & comme commune,
qu'elle ne peut nuyre plus aux vns qu'aux autres.
Que ceste cõmodité est appellée des Banquiers
Italiens *aggio*, qui est l'agge ou facilité de le transporter plus aisémẽt que l'argẽt; & pour laquelle,
ils estimẽt tousiours vn payemẽt en or d'vn sold
sur Escu, plus que s'ils le faisoient en argent: Encores que, parfois, ils estendent dextrement cette *agge*, aussi bien sur l'argent que sur l'or, selon

qu'ils sçauent l'argent estre plus rare ou plus
commun dans vn Estat que l'or, comme il est à
present en France, à cause du grand prix que
l'on donne ausdites especes d'or contre les ordonnances; la crainte que l'on a qu'il ne vienne à estre descrié, aydant à le rendre plus commun és payements.

Pour ces raisons, ny la fabriquation de billon
fuyant l'Aduis de Bodin, ny les Traittes qui
sont plus grandes proportionnémēt sur l'argent
que sur l'or, ainsi que dit le Sieur Godefroy, ne
pouuans estre cause du surhaulsement de prix
des especes, & particulierement de celles d'or,
faut l'aller chercher ailleurs. Or, d'estimer que la
fabriquation moderée desdites Especes de billõ,
ou cuiure de bas prix, puisse prejudicier à l'Estat,
seroit vn grand abus; parce que, vn Estat a tousjours besoin d'en estre moderémēt remply, pour
l'achapt des menuës denrées & faciliter le change des plus petites especes d'argent : ainsi que dit
Oresme au Chapitre troisiéme de son Traitté de
la mutation ou Affoiblissement des monnoyes:
Mais, faut tenir pour Maxime tres-vraye, que la
seule quantité de fabrication, & exceds de cours
desdites mauuaises especes, comme pour le billon de quatre ou de deux sols piece, & pour le
cuiure d'vn sold ou de six deniers tournois, luy
est toufiours grandement prejudiciable.

Tout cecy presupposé, & joinct à ce que i'ay
monstré en la susdite Response faite audit de
Bagarris, que la quantité ou exceds de fabriquation

tion defdites Efpeces de bas billon, ou cuiure,
eftouffe & chaffe les bonnes efpeces d'or & d'argent hors de l'eftat, ie dy que l'exceds & cours
defdictes efpeces de billon ou cuiure, fait auffi
encherir en iceluy le prix de toutes chofes; commençeant premierement par les marchandifes
eftrangeres en cette façon. Il eft certain, qu'en
tout Eftat le prix qui eft fur vne marchandife,
n'eft pas feulement cognu & receu par les habitans, qui fçauent ce qu'ils ont accouftumé d'en
donner; mais auffi par les eftrangers qui fçauent
ce qu'ils ont accouftumé de l'achepter: Comme
pour exemple, Nos marchands fçauent le prix
qui eft receu fur toutes les marchandifes d'Efpagne, comme au reciproque les Efpagnols fçauent ce qu'ils ont accouftumé de payer des noftres venant en France pour les achepter: ce prix
fur lefdites marchandifes, eftant arrefté de part
& d'autre, lors qu'il court en l'vn & l'autre defdits Eftats bonne monnoye d'or & d'argent. Or,
quand l'vn d'eux vient à affoiblir, & fe remplir
par exceds de bas billon ou cuiure (côme a fait
l'Efpagnol depuis l'année 1603.) le François, qui
va mener de la marchandife en Efpagne, pofé
que foient bleds, & qui a accouftumé d'y vendre
le muid 15. Piftoles, ou leur valeur en Reales,
l'ayant achetté en France 10. Piftoles, & y ayant
defpenfé deux Piftoles pour fon fret & voiture,
qui font douze Piftoles, à quoy luy reuient chacun muid de bled rendu audit pays d'Efpagne, y
eftant, il fe donnera bien garde de les bailler, à

K

à meilleur marché, autrement il y perdroit. Que
ſi le marchant François, lors qu'il arriue, trouue qu'il y court mauuaiſe monnoye, ou il ſtipu-
lera de ceux à qui il le vendra, de luy bailler de
bonne monnoye, ou ſçaura ſoubs main combien luy couſtera le change de la mauuaiſe monnoye en bonnes eſpeces d'or & d'argent, & la
deſſus dreſſera le compte de la vente de chacun
muid de ſon bled: Et à meſure que la rarité d'or &
d'argent augmentera dans le pays, par la continuation de fabriquation deſdictes mauuaiſes eſpeces de billon ou cuiure, ledit marchant François, à chaque voyage qu'il fera en Eſpagne, augmentera à proportion le prix de ſondit bled;
que ſi la monnoye y vient à ſe renforcir, il l'abaiſ-
ſera de prix à l'eſgal de l'Enforciſſement. Sur ce
ſubject, quelqu'vn de Meſſieurs du Conſeil me
feit vne difficulté y a quatre ou cinq ans, & me
dit, que le trafic ſe faiſoit autrement en Eſpagne, principalement pour le regard du bled, que
ez autres Eſtats; Car, diſoit-il, lors qu'vn vaiſ-
ſeau chargé de bled arriue à vn port, la premiere
choſe qui s'y prattique, eſt de le viſiter, puis d'en
priſer le bled à raiſon de ce qu'il vaut dans le
pays, ſans qu'il ſoit permis au marchant, qui aura
freté ledict bled, de le tranſporter ailleurs ny en
autre Prouince, meſme en autre port du Royaume; &, cette taxe faite, le marchant eſt tenu de le
vedre à raiſon de ſa taxe, & receuoir en payemet
la monnoye courante du pays, pour bonne ou
mauuaiſe qu'elle ſoit: voylà ce qu'il me dit,

encores que ie n'en treuue rien dans leurs ordonnances. A quoy ie luy feis response, qu'vn
marchand ignorant ces loix, pourroit bien estre
circonuenu pour vne premiere fois, mais qu'il
se donneroit bien garde d'y retourner. Que ces
rigueurs estoient dägereuses dans vn Estat, principalement à celuy-là subject à de grandes diset-
tes de bleds. Et que si le marchand François y
menoit son bled, sçachant l'Affoiblissement de
leurs monnoyes, comme ledit Sieur me l'asseu-
roit, c'estoit en intention d'y acheter autre marchandise du pays, pour l'amener en France ou
ailleurs, sur laquelle il sçauoit y gaigner la sienne, son voyage, & quelque chose de plus.

Doncques, le marchand François faisant mener du bled en Espaigne, où il a accoustumé le
vendre quinze Pistoles le muid, y trouuât la mônoye affoiblie, stipulera de l'Espagnol, ou de luy
bailler de bonnes especes, ou sçaura de combien elle est affoiblie, & au lieu de quinze Pistoles en bonne monnoye, en demandera vingt-
quatre de la mauuaise, posé qu'elle soit affoiblie à cette proportion. Le marchand Espagnol
voyant, que ce qu'il auoit accoustumé acheter
15. Pistoles, ou leur valeur en marauedis, luy en
couste vingt-quatre de mesme valeur, le reuen-
dra en détail à cette raison, & quelque chose de
plus pour sa peine & son traffic. La mesme cherté aduient puis apres, sur les autres denrées &
marchandises: Car, en quelque Estat que ce soit,
y a tousiours quelques marchandises estrange-

res de mesme estoffe que celles qui si manufacturent, que lesdits marchands font venir de dehors: comme en Espagne, encores qu'ils ayent
de bons draps de laine, si ne laissent-ils d'y faire
venir de nos serges de Beauuais, de Rouën, des
draps de Berry, camelots d'Amiens, & autres; &
d'Italie, des serges de Florence, de Milan, &c.
toutes lesquelles estoffes estrangeres ie m'asseure ont enchery de prix en Espagne à proportion
du bled cy dessus. Ainsi, l'exceds de fabriquation
desdites especes de billon ou cuiure, fait premierement encherir, dans la prouince où ledit Affoiblissement se fait, le prix desdites marchandises
estrangeres que l'on y meine; puis lesdits marchands Espagnols, voyans que lesdites estoffes
estrangeres, à cause de l'Affoiblissement de leur
monnoye, leur couste vn tiers plus qu'auparauant, & que par la vente en détail qu'ils en font,
ce prix est receu par les habitans du pays, ils
prennent de la leur temps, de vendre les leur, qui
ne leur coustent tant, & qui se manufacturent
dans le pays, à cette mesme raison, *vtrique* dit
Cassiodore, *lib.* 3. *epist.* 50. parlant desdits marchands, *videntur in vna mercatione desiderata com-
pendia percipere.* De mesme, les gens de mestier,
artisans, manouuriers, seruiteurs & autres, res-
sentans leurs viures & leurs vestemens encherir,
& le salaire ordinaire de leur iournée n'estre
suffisant pour l'entretien d'eux & de leur famille, augmentent aussi leurdit salaire à proportion de ce qu'il leur faut par iour, pour l'entre-

tien & nourrirure d'eux & de leur famille.

Ce qui n'est pas seulement vray, par raison
de monnoye, ains par l'Histoire mesme d'Espagne. Alfonse 11. du nom, surnommé le sage
(qui est celuy qui a fait dresser les anciennes ordonnances du pays appellées *las Partidas*, qui depuis ont esté divisées en sept Parties; & aussi ces
grandes tables du cours des astres que l'on nomme encores les Tables d'Alfonse) interdit, environ l'an 1280. la fabriquation des Pepions, &
feit fabriquer, *Burgalenses* porte le texte, que l'in-
terprete Bourgeois (encores que cette diction
latine semble signifier Bourdelois) sur lesquels
possible Philippes le Bel depuis auroit fait forger les siens, qui estoient vne monnoye beaucoup pire que lesdits Pepions : Et d'autant qu'il
sçauoit, que par les Affoiblissements des monnoyes toutes choses encherissent, afin d'empescher cette cherté, taxa & arresta le prix de
toutes sortes de denrées & viures necessaires à la
vie humaine, à leur prix accoustumé, sans auoir
esgard à son Affoiblissement, enjoignant ausdits
marchands de les vendre à cette taxe, auec peine
aux contreuenans : pensant bien faire, dit l'Histoire, il rengregea le mal que causoit cet Affoiblissement, parce que les marchands refuse-
rent de vendre leurs denrées, au prix de la taxe
de son ordonnance, *medicina*, dit Mariana, *ma-
lum recruduit, mercatoribus eo prætio vendere recusan-
tibus* : ce qu'il luy engendra la haine du peuple,
& feist prendre les armes à la Noblesse, qui le

chaſſa hors de ſon Royaume, mettant en ſa pla-
ce Sancho, le plus petit de ſes fils : Comme, ſi le
prix des marchandiſes eſtoit en la volonté deſdits marchands, tres ignorans de toutes ces tri-
cheries des Princes, leſquels ne ſuyuent en la
vente d'icelles que le prix que le cours du traffic leur donne : & neantmoins, qui fut ſuffiſant audit Alfonſe, de luy faire perdre ſon Royaume.
Belle leçon aux Princes, de n'ordonner iamais
l'impoſſible à leurs ſubiets ; les loix & ordonnances ne ſe deuans faire ny dreſſer, que pour
conſeruer, & rendre les choſes defectueuſes
meilleures qu'elles ne ſont, & non pour ſuiure
les volontez deſordonnées des Princes, qui ne
ſont Maiſtres des Loix, ny de leurs Ordōnances,
non plus que l'artiſan eſt maiſtre de ſon eſtoffe,
laquelle, il eſt obligé tailler ſur la forme & meſure de celuy pour lequel il trauaille, tout ainſi
que les Princes ſont obligez de dreſſer leurs ordonnances ſur la conſeruation de leurs ſubiects
& augmentation de leur Eſtat, pour lequel ils
doiuent trauailler ; autrement elles ne ſont plus
Loix, ains pures volontez & commandements.
En France, nous nous ſçauons bien mieux ayder de l'appretiation & taxe deſdites denrées &
marchandiſes, qui n'a iamais eſté ordonnée par
nos Princes (comme auſſi elle ne ſe doibt) que
lors des Enforciſſements ſeulement, & pour remettre le prix à toutes choſes, que la licence des
Affoibliſſemens auroient fait enchérir & augmenter. Philippes le Bel, Philippes de Valois, le

Roy Iean,& Charles VI. reuenans à la forte mõnoye l'ont bien sçeu pratiquer : mais principalement Charles VI. par trois de ses Ordonnances, que i'ay par deuers moy, des mois de Iuin, Octobre,& Decembre 1421. par l'vne desquelles, sçauoir par celle du mois d'Octobre, après auoir remis le prix du Marc d'argent à six liures, qui valoit auparauant par ordonnance vingt-huict liures,& auoir estably plusieurs moyens pour faire distribuer au peuple la noüuelle & forte monnoye par les Changeurs, il rabaisse le prix de toutes sortes de bleds, auoines, foins, vins, chairs, graisses, draps, moultures, & autres denrées y contenuës & mentionnées: Deffend aux marchands, de vendre leursdites denrées à plus haut prix que celuy contenu en ladite ordonnance, sur peine de confiscation d'icelles pour la premiere fois, & d'estre piloriez pour la seconde.

Reste à monstrer, que la fabriquation en quantité desdites Especes de bas billõ ou cuivre promis au tiltre de ce discours, ruyne entierement le traffic, & augmente la necessité & disette. Il est certain, qu'il n'y a marchand faisant traffic, qui ne doiue grandement hors de l'Estat à plusieurs & diuers marchands estrangers; comme au reciproque, il n'y en a point aussi, à qui il ne soit grandement deub au dedans dudit Estat, par les particuliers d'iceluy. Or, la quantité de fabrication desdites especes de bas billon ou cuivre, venans par leur cours à estouffer & chas-

ſer les bonnes eſpeces d'or & d'argent hors d'i-
celuy (ainſi que i'ay monſtré en la ſuſdite Reſponſe faite audit de Bagarris)les eſtrangers à qui
il doibt,eſtãs aduertis par leurs Facteurs du cours
de telles mauuaiſes eſpeces, le preſſent par lettres de les payer en bonne mõnoye,ou du moins
de leur en faire intereſt,autrement le menacent
de ne luy plus enuoyer de marchandiſe;luy,qui
a crainte de perdre ſon credit, ayme beaucoup
mieux leur en payer l'intereſt, eſperant que le
cours de la bonne monnoye reuiendra,pluſtoſt
que ſe deſcrier: ceux au contraire qui ſont dans
l'Eſtat & qui luy doiuent,bien aiſes de cette occaſion, ne manquent à le payer de ladite mauuaiſe mõnoye,qu'il n'oſeroit refuſer,parce qu'elle eſt ordonnée du Prince. Ainſi,ce pauure marchand,eſtant payé de ce qui luy eſt deub par ſon
compatriote en mauuaiſe monnoye, & les eſtrangers à qui il doibt ne la voulant receuoir
qu'à raiſon du fin qu'elle tient,ou poſſible point
du tout, ne laiſſe touſ-jours de leur demeurer
redeuable, & de s'engager d'autant plus, par
la continuation de fabriquation de telle mauuaiſe monnoye, en vne multitude de debtes
& d'intereſts , leſquels ne pouuant payer, ny
n'ayant moyen ny credit parmy eux pour atten-
dre il luy eſt force en fin de ſuccomber ſoubz
le faix, & leur faire ceſſion. Les plus mal-adui-
ſez,en tels Affoibliſſements,reçoiuent dans l'Eſtat ce qui leur eſt deub;puis changent leur mauuaiſe monnoye en bonne, auec grande perte,

& l'enuoyent à ceux defdits eſtrangers qui les
preſſent le plus. Mais, combien ce moyen eſt
dangereux, ie le laiſſe à dire à ceux qui y ont paſ-
ſé: car, aduenant que l'Affoibliſſement continuë,
ou qu'il ſoit exceſſif, s'imaginans eſtre quittes
enuers leſdits eſtrangers, du moins d'vne grande
partie, ils trouuent en fin qu'ils n'en ont pas ac-
quitté le quart, & qu'ils n'ont pas vaillant de reſte en marchādiſe, vn autre quart. Les plus ſages,
en tels Affoibliſſemens, doiuent differer les payemens de part & d'autre, en attendant vn Renfor-
ciſſement. Que s'il ne vient, faut tout à coup
qu'ils hauſſent le prix de leurſdites marchandi-
ſés du pays; de celles de dehors, qu'ils en vendent le moins qu'ils peuuent; & pour s'acquitter enuers leſdits eſtrangers, qu'ils leurs enuoyēt
de leurſdites marchandiſes manufacturées dans
le pays, autrement ils ne manqueront de tomber. Et de là, ſont venuës en partie les Lettres de
reſpit, & de ceſſions de biens, permiſes aux Marchāds ſeulemēt, & cauſées ſur l'Affoibliſſemēt &
deterioration des mōnoyes des Princes, leſquelles par abus, ſe ſont eſtēduës depuis aux Bāquiers,
& autres perſonnes traffiquans en argent, qui
ont doré leurs faillites ſur pertes & banqueroute-
tes precedentes, ce que l'on ne deuroit permettre. Eſtant bien certain, que telles Lettres de reſpit, & permiſſion de ceſſion de biens, n'ont eſté
premierement octroyées par les Princes, qu'auſdits Marchands, & en conſideration encores de
leurs pertes aduenuës, par les grands Affoibliſſe-

ments de monnoye, dont eux mefmes s'en reco-
gnoiffoiët eftre les premiers autheurs & les plus
coulpables;& comme tels, eftoient parfois fi Re-
ligieux que de les adouër & confeffer aux Papes; recognoiffans, que non feulement leurs fubjets, mais auffi ceux de leurs voifins en auoient
fouffert de grandes & immenfes pertes. Ce qui
s'apprend par vne Bulle du Pape Clement V.
en datte du premier an de fon Pontificat, regiftrée en vn grand Regiftre en parchemin, eftant
au Trefor des Chartes du Roy, où font inferées
diuerfes Bulles des Papes, commençant à celle
d'Innocent III.& finiffant audit Clement V.fol.
124. verf. & encores regiftrée au premier Memorial, cotté C. de la Chambre des Comptes,
fol. 11. verf. par laquelle, apres auoir parlé de
quelques fubuentiõs extraordinaires que le Roy
Philippes le Bel auoit leuées fur le Clergé de
France, il adioufte, que ledit Sieur Roy luy auoit
fait entendre, qu'apres auoir recherché plufieurs
& diuers moyens propres & vtiles pour la tui-
tion & deffenfe de fon Royaume, agité des armées eftrangeres, & de la rebellion de fes fubjets, *expediens* (porte ladite Bulle) *imo neceffarium*
vifum fuit, antiquas regias fuas & prædecefforum fuo-
rum, pro huiufmodi deffenfione intrinfeca dicti regni,
mutare monetas, ce qu'il auoit fait, *ex Confilij fui*
deliberatione, ac nouas alias, diuerfis fucceffiue tempo-
ribus, cudi fecerat legitimis lege & pondere diminutas;
ex qua quidem diminutione, non folum fubditi fui, ve-
rum etiam circumadjacentium & aliarum vndique

populi regionum, damna & depertita grauia fuerant
perpeßi. Ce qui eſt confirmé par Iean Villani, en
ſon Hiſtoire de Florence, Liure 8. Chap. 55. où il
dit, que pluſieurs marchands Banquiers de ſon
pays, qui auoient leur argent en France, en deuin-
rent pauures & neceſſiteux: Remarquant, que cet
Affoibliſſement dudit Philippes le Bel (aduenu
en France, incontinant apres la victoire obtenuë
par les Flamens ſur les François, entre Bruges &
Courtray, enuiron l'an 1302.) auoit eſté donné
par l'Aduis & conſeil des Sieurs Biccio & Muſciato François, lors citoyens & habitans de Florence ; voicy ſon texte, *per fornire alle ſpeſe della*
incomminciata guerra, lo Ré di Francia, per malo con-
ſiglio di Meſſer Biccio & Muſciato Franceſi noſtri
Citadini, ſi fece peggiorare & falſificare la ſua mone-
ta ; onde traëua grande entrata : peroche la venne peg-
giorando di tempo in tempo, ſi che la recò a la valu-
ta del terzo ; onde molto ne fue abominato & mala-
detto per tutti i Chriſtiani : & molti mercatanti &
præſtatori di noſtro paeſe, ch'erano con loro moneta in
Francia, ne rimaſero deſerti, & au Chapitre 58. en-
ſuyuant, il adiouſte, que ledit Philippes le Bel
prenoit & leuoit tous les iours 6000. Liures pariſis de Traitte & d'impoſt ſur ſes monnoyes, *onde*
il Ré auanzaua ogni dì (ſecondo ch'è veduto) Libre
6000. di Parigi ; ma guaſtò & deſertò il paëſe, che la
ſua moneta tornò forſe alla valuta del terzo. Et non
ſeulement les marchands & Banquiers, mais auſſi les Seigneurs & Gentils-hommes, qui ſont dans
l'Eſtat où ſe fait tels Affoibliſſemens, tombent

en neceſſité, pauureté, & diſette; ainſi que le déduit Mathieu Villani, frere dudit Iean, en la continuation de ladite Hiſtoire de Florence, Liure premier, Chapitre 76. où parlant de Philippes de Valois, qui pareillement affoiblit par exceds ſes monnoyes, dit, *& nel ſuo Reame mutò ſpeſſe & improuiſo monete d'oro, peggierando le molto di peſo & d'oro: per lequali mutazioni deſertò, & fece tornare i mercatanti del ſuo Reame, di richezza in pouertà: & ſuoi Baroni & Borgheſi aſſottiglio d'hauere, per modo che poco v'era amato da loro per queſta cagione. Onde apparue, quaſi come ſentenzia d'Iddio, che auendo egli cotanta Baronia, & moltitudine di buoni Caualieri, à quali ſolieno eſſer pregiati ſopra gli altri del mondo in fatti d'arme, non ſi abboccauano in alcuna parte con gli Ingleſi, che non faceſſino diſhonore al loro Signore: onde molti mercatanti foreſtieri n'abbandonarono il Reame.* Il me ſemble, que le meſme ſe rencontre à preſent entre les Gentils-hommes François & Eſpagnols, que nous voyons eſtre tellement deſcheuz, de cette ancienne ſplendeur & reputation qu'ils auoient acquiſe dés long temps entre toutes les nations de l'Europe, que veritablemēt nous pouuons dire d'eux, ce que diſoit Villani des François de ce temps là, qu'ils font deshonneur à leur Prince & Seigneur, les voyans ſi mal veſtus, & en mauuaiſe conche.

Or, de la ruyne du Traffic, ſuit la neceſſité & cherté de toutes choſes en vn Eſtat; car l'eſtranger, à cauſe du cours deſdites mauuaiſes eſpeces, ceſſant de porter en iceluy ſes marchandiſes, ou

du moins les y menant plus rarement qu'il ne
faiſoit, les habitans de cet Eſtat ſont contraints
ſe ſeruir, & n'vſer que de ce que leur terre pro-
duit, & de ce qui s'y manufacture: que ſi peu (cōme chacun ſçait la ſterilité du Pays & oyſiueté
des habitans d'Eſpaigne, cauſée par l'or, l'argent,
eſpiceries, & autre reuenu que leur rendent les
Indes) la neceſſité & cherté ſe ioignent à cette
rarité, qui en fait mourir vne partie, fait aban-
donner à aucuns le pays, & aux autres les fait
ietter és lieux & Prouinces voiſines, où les com-
modités, & abondance d'or & d'argent, y ſont
plus grandes qu'au leur. Cette deſroute & aban-
donnement de Pays, commençeant premierement par les artiſans, qui n'ont ny terres ny poſ-
ſeſſions dans l'Eſtat ; puis, par les Officiers, Gentils-hommes & autres qui viuent de leur reuenu en rentes ou heritages, lequel par tels Affoibliſſemens eſt reduit comme à rien.

Doncques, Monſieur, puiſque la fabriquation, en quātité, deſdites eſpeces de bas billon ou
cuiure, eſt ſi dangereuſe dans vn Eſtat, & que l'Eſpaigne à preſent en reſſent des effets ſi cuiſans,
par vne neceſſité cognuë de tous ſes voyſins, il
n'y a meilleur moyen ny plus court, pour en ſortir, que r'entrer dans la bonne & forte mōnoye;
ainſi qu'eux meſmes, nous, & tous les Princes
de l'Europe l'ont pratiqué en tels accidens. Que
plus ils attendront, plus ils s'appauuriront, &
plus ils ſe mailleront, cōme l'on dit, & s'endurci-
ront dans la neceſſité, d'où il leur ſera fort diffi-

cile, voire impoſſible d'en ſortir. Que quand
ils voudront y apporter quelque reglement, que
vous ferez aſſembler exprés vn Côſeil des Monnoyes ſur ce ſubject, ou que leur ferez dreſſer
par eſcrit les remedes que l'on iugera eſtre les
meilleurs & plus doux, leſquels vous leurs en-
uoyerez, ou ferez bailler à Monſieur l'Ambaſſa-
deur, qui eſt d'ordinaire en cette ville, pour les
leur faire tenir. Cependant, qu'ils doiuent interdire la fabriquation des ſuſdites Quartilles de
cuivre, & ordonner par prouiſion, afin de les diſ-
ſiper petit à petit, qu'aucun ne ſera contraint à
l'aduenir, en receuoir plus que le quart ou le
tiers de la ſomme qui luy ſera deuë. Que ſi cette
prouiſion a eſté ja ordonnée, il eſt temps de venir au décry general deſdites Quartilles, & de
toutes autres eſpeces de bas billon ou cuivre,
ayans cours dans leur Eſtat : & pour ce faire,
faut aduiſer les moyens les plus doux pour paruenir à ce décry. Sur quoy, y a beaucoup de de-
mandes & circonſtances à repreſenter de viue
voix, qui ne peuuent, ny ne ſe doiuent coucher
par eſcrit.

Voſtre tres-humble & tres-obeïſſant
ſeruiteur, **Poullain.**

Preſenté à Monſieur le Chancelier,
ce Vendredy 7. Septembre 1612.

TABLE DES TRAICTES

DES MONNOYES
cy deſſus.

gne, où est refuté, succinctement, l'opinion de
Bodin & autres, qui tiennent la fabriquation
des Especes de billon, estre cause du surhaussement de prix des Especes d'or & d'argent : &
monstré, que la fabriquation des Especes de billon ou cuivre en quantité, fait à present encherir en Espaigne, le prix de toutes choses :
qu'elles y ruynent le traffic : augmentent la necessité : & quel Reglement l'on y peut appor-
ter à present.   fol. 136.

F I N.

GLOSSAIRE DE
MONNOYE.

Des metaux d'or, argent, billon, & cuivre.

TILTRE, Est vn terme singulier, pour denoter la bonté interieure de l'or : Comme, pour denoter la bonté interieure de nos Escus, nous disons, qu'ils sont au Tiltre de vingt-trois Carats d'or fin, & non de loy à vingt-trois Carats d'or fin, qui seroit improprement parler. Il vient du Latin, *Titulus*, qui signifie escriteau ou superscription, par le moyen de laquelle nous cognoissons, par abregé, le subject de la matiere ou de l'œuure.

Loy, est vn autre terme aussi singulier, pour denoter la bonté interieure de l'argent : comme, pour denoter la bonté interieure de nos Quarts-d'escus, nous disons, qu'ils sont de loy à vnze deniers argent fin, & n'vsons de ce vocable Tiltre, qui seroit improprement parler. Il vient proprement du latin, *lex*, que Budé nomme *indicatura, quod notam gradumque bonitatis denotet.*

A

Carat, eſt vn terme, pour exprimer les deegrez de la bonté interieure de l'or; laquelle ſe definit, & eſt arreſtée à vingt-quatre degrez, & chacun de ces degrez ſe nomme Carat: comme vn lingot ou eſpece d'or qui aura vne vingt-quatriéme partie de cuivre, l'on dira, qu'elle eſt à vingt-trois Carats d'or fin, parce qu'elle ne tient que 23. vingt-quatriémes parties de degrez de bonté interieure; l'autre vingt-quatriéme partie de poids de ladite eſpece, n'eſtant que cuivre & empirance. Ce mot vient du Grec κεράτιον, que Pline nomme *Scrupulum*, l'Eſpagnol *Quilate*, l'Italien *Caratto*, l'Alleman, Flamen, Anglois, & nous *Carat*. Et le ſubdiuiſons (comme auſſi fait l'Eſpagnol) par demis, quatriémes, huictiémes, ſeiziémes, & trente-deuxiémes de Carat. Les Allemans & Flamens (& les Anglois encores que ie croy) en douze grains fin ſeulement: faiſants, par cette ſubdiuiſion, que la loy ou bonté interieure de l'argent fin (qui ſe marque par douze deniers de fin, & chacun denier par ving-quatre grains fin, qui ſont 288. grains fin) reuienne & ſe rapporte au tiltre ou bonté interieure de l'or fin, qu'ils denotent auſſi par douze degrez de fin, & chacun de ces degrez par vingt-quatre grains; ces degrez de bonté de l'vn, & l'autre metail, reuenans pareillement à 288. grains fin. Là où, au contraire, quelques Eſtats d'Italie, comme ceux de Gennes & autres, denotent comme nous, la bonté interieure de l'or, par vingt-quatre degrez, qu'ils nomment auſſi

Carats ; chacun defquels (& poffible plus improprement) ils fubdiuifent pareillement par
vingt-quatre grains fin ; mettans, en ce faifant,
576. grains, pour marquer les degrez de la bonté interieure de l'or fin, & 288. grains fin feulement, pour marquer ceux de l'argent fin : Encores que ie fçache que la bonté interieure de l'or,
comme metail plus precieux que l'argent , fe
doiue deffinir par degrez plus longs & plus ef-
tendus que l'argent. Cette diction de Carat eft
homonyme , & fe prend outre le *Carat de fin*
cy deffus, & pour *Carat de prix*, & pour *Carat de
poids*. *Carat de prix* , eft la vingt-quatriéme partie de la valeur ou prix du marc d'or fin, arrefté
par ordonnance du Prince : comme, fi le marc
d'or fin vaut par ordōnance 240. liu. le Carat, qui
eft la vingt-quatriéme partie dudit marc d'or
fin, vaudra dix liures, le demy Carat cent fols, &
ainfi du plus au plus, & du moins au moins. *Carat de poids* , eft vn petit poids de quatre grains,
fubdiuifé par demis, quatriémes, huictiémes, &c.
dont les Orféures fe feruent pour l'eftimation &
appreciation des pierres precieufes, leurs dōnans
prix, & les eftimans feulemēt à raifon des Carats
de poids qu'elles poifent. Et fait à aduertir, que
ce Carat de poids defdits Orféures, eft prins & arrefté fur les quatre grains de poids de la Liure
fubtile de Venife, qui font plus legers, de quelque peu, que nos quatre grains de poids de France : noftre Once, à proportion, eftant plus poifan-
te que la leur.

Argent fin, eft vn argent affiné au fupréme & plus haut degré de bonté ; lequel on arrefte à douze degrez, & chacun de ces degrez fe nomme Denier de fin : commel'orfin, fe deffinit & eft arrefté à vingt-quatre degrez, & chacun de ce ces degrez fe nomme auffi Garat.

Argent le Roy, eft vn argent qui n'eft qu'à vnze deniers douze grains fin feulement, c'eft à dire, qui tient vne vingt-quatriéme partie de cuivre, ou empirance ; le Denier de fin, ainfi que ie diray cy apres, eftát compofé de 24. grains fin. Cet argent eft furnommé *Argent le Roy*, parce que le Roy, de temps prefque immemorial, & parauant le regne de Philippes le Bel, s'eft feruy de cet argent, pour le pied & fabriquation de fes efpeces d'argent ; afin de compenfer les Traites, qui font toufiours plus grandes proportionnément fur la quantité des marcs d'argent en œuure (qu'ils mettent & font courir par ordonnance) que furvn marc d'or auffi en œuure. Encores qu'aucuns difent, que ce mot d'*Argent le Roy*, vient de ce que anciennement les Barons & Prelats du Royaume de France, qui auoient pouuoir de faire battre monnoye, eftoient obligez de fabriquer leurs efpeces d'argent à douze deniers de fin, le Roy ne faifant ouurer les fiennes qu'à 11. deniers douze grains fin feulement, & qui auoient cours neantmoins entre le peuple pour mefme prix, que celles defdits Prelats & Barons. Voyez ma Refponfe à l'Aduis du Sieur Godefroy, pag. 121.

Denier de loy, ou *Denier de fin*, est vn terme,
pour exprimer les degrez de bonté de l'argent,
lesquels sont arrestez communément à ce nombre de douze, comme l'or fin à celuy de vingt-
quatre, le douziéme degré en l'argēt, & le 24. degré en l'or, estans comme le supréme & le plus
haut auquel on les puisse affiner & espurer. Ce
mot de Denier est équiuoque, aussi bien que Carat; parce que, outre le *Denier de loy*, y a *Denier de
prix*, ou *de cours*, *Denier de poids*, & encores *Denier
de monnoyage*. *Denier de prix*, ou *de cours*, est vn
Denier tournois ou parisis, ayant cours pour la
douziéme partie du Sold d'àprefent, ou du Sold
ancien. *Denier de poids*, est la vingt-quatriéme
partie de nostre once de poids; laquelle, nous
subdiuisons en huict gros, & le gros en trois
deniers. Et *Denier de monnoyage*, est vne espece
de mōnoye, de quelque qualité d'ouurage qu'elle soit : comme, vn Escu d'or, est vn Denier de
monnoyage d'Escu; vn Quart-d'escu d'argent, vn
Denier de monnoyage de Quart-d'escu; & vn
Double ou Denier tournois de cuivre, vn Denier de monnoyage de Double ou de Denier
tournois de cuivre.

    Billon, est toute forte d'argent (ainsi qu'au-
cuns tiennent) qui est au dessous de dix deniers
fin. Encores, qu'à proprement parler, toutes
les especes de monnoye, qui ne font qu'à cinq
ou six deniers de fin & au dessous, font apellées
especes de billon: parce qu'elles tiennent moins,
& ont plus de cuivre, que d'argent. *Billon*, fe

prend encores pour especes descriées, que l'on
ordonne estre portées, par les particuliers, à la
Monnoye & aux Chãgeurs, pour estre fonduës
& conuerties en especes courantes: & tel decry
& commandement, s'appelle, enuoyer la monnoye au billon.

Cuivre de rosette, est vn cuivre rouge, extremement doux & espuré de sa matte.

Prix des marcs d'or & d'argent, sont les prix que
le Roy, par ordonnance, donne aux marcs d'or
& d'argent: Comme à present, le marc d'or fin
vaut, par l'ordonnance 1614. deux cens soixante & dix-huict liures six sols six deniers: Et le
marc d'argent le Roy, par ordonnance de l'année 1602. confirmée par celle de 1614. vingt liures cinq sols quatre deniers. Et fait à aduertir,
qu'en France seulement, & dés le temps que les
monnoyes y ont esté reglées, lesdits Sieurs par
leurs ordonnances ont tousiours dressé le Pied
des especes d'or, sur le marc d'or fin, & celuy des
especes d'argent, sur le marc d'argent le Roy; afin
de compenser les Traittes (qui sont ordinairemét
plus grandes proportionément sur 12. marcs d'argent ou enuiron en œuure, que sur vn marc d'or
aussi en œuure) & ramener, en ce faisant, le cours
desdites especes d'or & d'argét, à vne mesme proportion & idemtité de poids & bonté interieure
les vnes aux autres, ainsi qu'il a esté dit.

Compte numeraire d'vne Prouince, est le compte de monnoye, receu & pratiqué dans chacune Prouince, sur lequel toutes choses s'eualuént,

toutes raiſons ſe ſupputent, & tous payemens
ſe font: comme à preſent, le Compte numeraire de France, ſuyuant l'ordonnance 1602. ſe fait
à Liures, Sols, & Deniers, la Liure eſtant compo-
ſée de vingt ſols, & le Sold de douze deniers.
Voyez ce que i'ay dit en la Reſponſe à l'Aduis
dudit Sieur Godefroy. pag. 125.

Proportion, eſt la quantité des eſpeces d'argent que le Prince, par vn prix & Compte numeraire receu & differend en chacune Prouince, mét & fait courir dans ſa Prouince, contre
vne ſeule de ſes eſpeces d'or, ſemblable en poids
& bonté interieure à celles d'argent. Voyez ce
que i'ay dit cy deuant, au Traicté de la cognoiſſance que doibt auoir vn Conſeiller d'Eſtat au
faict des monnoyes, en la Max. IIII. pag. 7.

Affoibliſſement. Y a 6. ſortes d'Affoibliſſemens,
dont 5. ſe font ſur le fin des eſpeces d'or & d'argēt, & la 6. par la fabricatiõ de celles de cuiure &
bas billon. *Affoiblir*, eſt diminuer le fin de poids
d'or ou d'argent de l'eſpece: Cette diminution,
pour les eſpeces d'or & d'argent, ſe fait en cinq
façons: La premiere, en diminuant le poids de
l'eſpece: La deuxiéme, la bonté interieure d'i-
celle: La troiſiéme, en ſurhauſſant eſgalement
le cours de l'vne & l'autre des bonnes eſpeces:
La quatriéme, en chargeant de Traitte exceſſiue ſes eſpeces d'or, ou ſes eſpeces d'argent, où
les vnes & les autres toutes enſemble: La cinquiéme, en s'eſloignant beaucoup de la plus
haute, ou de la plus baſſe proportion receuë

entre ſes voiſins : Et la ſixiéme, en faiſant fabriquer ſi grande quantité d'eſpeces de bas billon
ou cuivre, ou peu de grand prix & cours, qu'elles entrent en commerce, & ſe reçoiuent en
ſommes notables, au lieu des bonnes eſpeces
d'or & d'argent. Voyez la Max. IX. & ce qui eſt
expliqué ſur icelle. pag. 21. 22. 23. & ſuyuantes.

Enforciſſement. Y a ſix ſortes d'Enforciſſemés
autant qu'il y a d'Affoibliſſemens, dont cinq ſe
font ſur le fin des eſpeces d'or & d'argent, & la
ſixiéme, par l'interdiction de fabriquation de
celles de cuivre & bas billon. *Enforcir,* eſt augmenter le fin de poids d'or ou d'argent de l'eſpece : cette augmentation, pour les eſpeces d'or
& d'argent, ſe fait en cinq façons : La premiere,
en augmentant le poids de l'eſpece : La deuxiéme, la bonté interieure d'icelle : La troiſiéme,
en rabaiſſant également le cours de l'vne &
l'autre des bonnes eſpeces : La quatriéme, en
deſchargeant de Traite exceſſiue ſes eſpeces
d'or, ou ſes eſpeces d'argent, ou les vnes & les
autres toutes enſemble : La cinquiéme, en
prenant ou s'approchant de la plus haute, ou de
la plus baſſe Proportion, receuë entre tous ſes
voiſins : Et la ſixiéme, en deffendant le cours des
eſpeces de bas billon ou cuivre, & interdiſant
leur fabriquation, quand ſes ſubjets en ſont remplis par exceds, & que telles mauuaiſes eſpeces
entrent en commerce, & ſe recoiuent en ſommes
notables entr'eux.

Façons que donne l'Ouurier aux especes de monnoye.

L'Ouurier, est celuy qui donne les façons aux especes de monnoye, parauant que les marquer ou monnoyer, qui sont celles qui ensuiuët.

Tailler Quarreaux, est auec de grandes cisoires, coupper d'vn lingot d'or ou d'argent, vn petit morceau en quarré, plus poisant de deux ou trois grains que ne doibt estre l'espece que l'on doibt ouurer : & ce petit morceau couppé dudit lingot, s'appelle *Quarreau*.

Adjuster Quarreaux, est approcher le quarreau, (qui doibt estre tousiours plus poisant de deux ou trois grains qu'il ne faut) à la iustesse de son Deneral, ou au poids de l'espece que l'on veut ouurer.

Deneral, est vn petit estalon, du poids que doit peser au iuste l'espece, sur lequel, les ouuriers adjustent leurs quarreaux, qu'aucuns appellent *exagium*. Encores que les *Exagia*, mentionez dans les Nouuelles de Theodose, estoient propremët les estalons de poids de la liure Romaine, & de ses diminutions, qui se gardoient és Hostels & Maisons des principales villes subjectes à l'Empire; ainsi qu'il se practique encores en Espagne.

Recuire, est chauffer l'espece d'or ou d'argent iusques au rougir, dans vne grande poësle pleine de charbon alumé : ce que i'ay expliqué en la Relation des espreuues faites l'vne, sur nouueaux instruments proposez par Nicolas Briot;

& l'autre, aux façons ordinaires du marteau, par les ouuriers de la Monnoye de Paris.

Rechauffer, est rabattre les poinctes des quarreaux, & les arrondir sur le tas ou enclume; ainsi qu'il est au long déduit par la susdite Relation des espreuues.

Flatir, est battre, estendre, & dresser le flan, sur le tas ou enclume, à grands coups de marteau, à peu pres du volume que doibt estre l'espece. Ie doute d'où ie doibs deriuer ce mot; autrefois ie l'ay fait venir du vieil verbe Latin *Flare*, qui signifie fondre & mouler; parce que les Romains, anciennement, fondoient & mouloient premierement leurs especes, puis les marquoiét & monnoyoient de leurs coings & characteres: mais depuis, ayant recognu & appris par la lecture de vieilles ordonnances, que la plus-part des façons que nous donnons à present à la fabriquation de nos especes, a commencé premieremét dans les Hostels de monnoye de l'Empire d'Orient, qui les ont communiquées à ceux d'Italie, ceux d'Italie aux nostres, & les nostres à tous ceux de nos voisins, il pourroit bien estre que ce verbe flatir, viendroit du Grec φλάω ῶ. qui signifie *contundo*, *vel mollio contundendo*, comprimer, amolir en frappant du marteau.

Eslaizer, est presque le mesme que flatir, sinon que l'on ne penetre pas tant l'espece; ou bien eslaizer, est redresser le flan du rechauffage, & en ce cas, il viendroit du Grec ἱλασίω, *id est expeditionem affecto*, & *apparo*, apprester & appareiller.

ou bien de cet autre verbe ἐλαύνω. *fut.* ἐλάσω *pulso,*
*ferio, excutio feriendo,*forger en frappant, *vnde &*
ἐλασία *cusio*, ouurage & fabriquation qui se fait
par le marteau. Autrefois i'ay creu,qu'il venoit
du Latin *elidere*, qui signifie presser & écacher;
& en ce cas,ie prononçois *Eliser*,suiuant son or-
thografe latine : Mais ayant remarqué que tous
les vieux Registres d'ordonnances,estans parde-
uers la Cour des Monnoyes,portent en leur or-
tografe *eslaizer*,& non *eliser*,i'ay changé d'aduis.

Bouër, est mettre en vn bloc,demy marc ou
enuiron de deniers l'vn sur l'autre ; puis, auec
vn pesant marteau, que l'ouurier tient à deux
mains,frapper sur ce bloc,qui en s'affaissant,fait
ioindre , coupler, & toucher d'assiette les deniers l'vn à l'autre, en sorte qu'ils se serrent &
coulent plus aisément à la main.Parfois les ouuriers bouënt d'vne seule main , auec le marteau dont ils flatissent ; & en ce cas,ils ne mettêt
qu'vne once ou enuiron de flans,l'vn sur l'autre. Ie ne sçay où chercher l'étimologie de ce
verbe,qui n'aproche,que ie sçache,à aucun mot
François,Latin,Alleman,Italien,ou Espagnol,il
pourroit bien venir(attendu,cõme dit est,que la
pluspart de ces façons ont esté inuentéespremie-
rement és Hostels demonnoye de l'Empire d'O-
rient)du verbe Grec βοάω, qui signifie crier,faire
bruit:la significatiõ duquel,par metaphore(ainsi
qu'aucuns ont noté) s'adapte encores aux cho-
res inanimées : comme χῦμα βοῇ , l'onde ou le
flot crie: Et en cette signification, & aussi par

metaphore, y a grande apparence que cette façon de bouër, que l'ouurier donne à l'espece, a
pris son surnom du bruit qu'il fait de son marteau, en frappant sur ces deniers entassez l'un sur
l'autre. Si l'on ne disoit encores, que l'ouurier auroit donné ce surnom à cette façon, pour estre le
bout & acheuemēt de toutes celles qu'il donne
à l'espece; cōme de verité celle cy est la derniere.

Flan, est vne espece non marquée. L'ouurier
luy donne presque autant de noms, que de façons: apres qu'il l'a taillée ou couppée du lingot, il l'appelle *quarreau*: apres qu'il l'a rechaus-
fée & flatie, il l'appelle *flan*: apres qu'il l'a bouée
& qu'il ne reste plus qu'à la blanchir & monnoyer, il l'appelle *denier*.

Blanchir, est donner couleur aux deniers ou
especes, selon la couleur naturelle de leur metail. Ce blanchiment, pour les especes d'or
& d'argent, se fait auec de l'eau & de la bou-
ture (qui est vne drogue composée de lye de
vin seiche & esmiée, & de sel ou d'alun) que l'on
met dans vn pot bouïllir sur le feu, auec les deniers ou especes que l'on veut blanchir. Le blanchiment des doubles & petits deniers de cuivre,
se fait sur vn brasier de charbon, mettant les deniers dans vn vaisseau de cuivre fait en façon de
poësle à confiture, & persé cōme vne couloire à
pois, que l'on tiēt sur le brasier, les remuans, tour-
nans & frottās, auec vn linge, cōtre ledit vaisseau.

Ouurage, & fabriquation: il semble que ce mot,
se doiue restreindre aux façons seulement que

l'ouurier dōne à l'espece; neantmoins, il se prend ordinairemēt pour toutes les façons qui luy sont dōnées, tant par l'Ouurier & le mōnoyer, que par le Mᵉ ou fermier de mōnoye, qui fait le blanchîmēt: Ainsi qu'il se peut recognoistre, par le texte des Registres de l'ouuerture & iugemēt des boëstes, que tiennent en la Cour des monnoyes ceux qui ont la charge de la garde du Comptouër, qui portent, *Tel iour & An, les boëstes de l'ouurage fait en telle Monnoye, par tel Maistre, durant telle année, ont esté ouuertes en presence*, &c. qui monstre, que ce mot d'ouurage se prend en general, pour la fabriquation entiere & parfaite des especes; & non, pour les façons seulement que luy donne l'ouurier: Ainsi, ouurage, est le mesme, que fabriquation.

Façons que donne le Monnoyer aux Especes de monnoye.

LE *Monnoyer,* est celuy qui marque ou monnoye les especes, de leur coing ou charactere; lequel, ne leur donne autres façons, sinon ce seul monnoyage, qu'il fait par le moyen de la Pile & du Trousseau.

Pile, est vn fer ou coing, long de sept à huict poulces, ayant au milieu vn gros debort ou talon, & par bas vne queuë en forme d'vn gros cloud quarré, qui se fiche & enfonce iusques à ce debord ou talon, dans vn tronc ou souche de bois (que les anciennes ordonnances appel-

lent *ceppeau*, & vient du Latin *cippus*) estant au
bout du siege du Monnoyer : dans cette Pile,
font grauez ordinairement les armes ou l'Efcu du Prince, qui fait battre l'efpece.

Trouffeau, est l'autre fer ou coing, long de
quatre à cinq poulces, que le Monnoyer tient
à la main pour marquer & monnoyer l'efpece.
Premierement, apres auoir posé le denier fur la
pile, & ferrat de fes doigs les deux fers l'vn côtre
l'autre, le Monnoyer couure la pile de fon trouffeau; puis auec le maillet de fer qu'il tient de l'autre main, frappe 3. ou quatre coups fur le trouffeau, dont il marque & monnoye l'Efpece. Dans
ce trouffeau est graué ordinairement la croix,
portraict, ou effigie du Prince : & fe nomme
Trouffeau, parce qu'il fe tient & fe trouffe de
la main.

Legende, est l'efcriture qui est autour de l'efpece, enfermée ordinairement de deux cordons
ou filets. Dans cette legende, fe met le millefime, & les differents du Maiftre particulier, &
du Tailleur : Et encores d'vn costé, vn petit fom-
maire de prieres ou loüanges à Dieu, ou bien le
nom de la ville où l'efpece de monnoye est bat-
tuë : Et de l'autre costé, fe met le nom du Prince
qui la fait fabriquer.

Cordon, est le dernier filet, proche du bord,
qui ferme ladite legende. La difference qu'il y
a entre cordon, & filet, est ; que le cordon, est vn
gros filet fait en façon de corde ; & filet, est vn
fimple traict tiré du compas, fur le fer ou coing,

fans aucune façon.

Millesime, eft la datte de l'année qu'eft fabriquée l'efpece, qui fe met dans la legende. Et fait à aduertir, que ce Millefime, n'a commancé en France d'eftre mis fur lefdites efpeces, qu'en l'année 1549.

Le different du Maiftre ou fermier de monnoye, eft vne petite marque, comme d'vn trefle, d'vne tour, d'vne eftoille, ou autre femblable, que le Maiftre de monnoye met dans la legende, pour recognoiftre fon ouurage pendant le temps de fa ferme ou maiftrife.

Le different du Tailleur, (qui eft celuy qui graue & taille les fers pour marquer ou monnoyer les efpeces) eft femblablement vne petite marqu : ou coing, d'vne tour, molette, ou autre femblable, que le Tailleur frappe dans ladite legende, pour monftrer que les fers, defquels a efté marqué & monnoyé l'ouurage de la Monnoye, ont efté grauez & taillez par luy.

Du Pied des Efpeces de monnoye.

PIED *de monnoye*, eft la taille, le tiltre, & le prix du marc d'or, ou du marc d'argent, fur lequel eft dreffé le cours, & la traicte de l'Efpece : comme à prefent, la taille des Efcus, eft de 72. & demy au marc, au remede de deux felins de poids ; leur tiltre, eft à 23. Carats, au remede d'vn quart de Carat; & le prix du marc d'or fin, fuyuāt l'ordonnance 1614. eft de 278. Liures 6. fols 6. deniers, fur lequel eft dreffé le cours defdits Efcus, qui eſt de 75. ſols piece, & leur traitte auſſi, qui eſt ſur chacun marc en œuure d'iceux, de 102. ſols 11. deniers & plus, non compris les remedes de poids & loy. Or cette taille, tiltre, & prix du marc d'or fin, ſur lequel le cours & la traicte deſdits Eſcus eſt dreſſée, s'appelle, & eſt le Pied des Eſcus, preſcrit & ordonné par le Prince aux Officiers des monnoyes ; lequel, ils n'oſeroient exceder, ſur peine de tomber au crime de faulſe Monnoye. *Pes monetariorum* (dit Budellius) *eſt meta monetarijs præſcripta in cudendis nummis, quam omnino obſeruare tenentur.* Les Allemans par leur parolle, le nomment *fuſʒ*, les Latins *pes* ; l'Italien *piede* ; l'Eſpagnol & nous *Pied* ; encores que l'Eſpagnol ne mette point de (d) en ſon ortographe : comme auſſi nous le taiſons par noſtre prononciation.

Seigneuriage, eſt vne petite ſomme d'argent que le Roy, par droict de ſouueraineté, prend & leue ſur chacun Marc d'or, d'argent, billon, & cuivre en œuure de mōnoye : comme à preſent, le Seigneuriage des Eſcus, eſt de trois liures douze ſols vnze deniers & vn quart de denier ; le Seigneuriage des Quarts-d'eſcu & piece de Dix ſols, eſt de cinq ſols cinq deniers & plus, & des Doubles & petits Deniers de cuiure, d'vn ſold.

Braſſage, eſt vne autre petite ſomme d'argēt, que le Roy permet prendre & leuer au Maiſtre de monnoye ſur chacun marc d'or, d'argent, billon, & cuivre en œuure d'eſpeces : de laquelle ſomme, ledit Maiſtre retient moitié, ou enuiron, pour ſes

pour ſes dechets de fonte, charbon, & autres
fraiz; & de l'autre moictié, paye les droicts des
Officiers de la Monnoye, qui ont fabriqué leſdites eſpeces. Ce Braſſage, à preſent, eſt ſur le
Marc en œuure d'Eſcus, de trente ſols; ſur les
Quarts-d'eſcus & pieces de Dix ſols, de dix
ſols; & ſur le Marc de Doubles, & petits Deniers de cuiure aumoulin, de douze ſols, à la
charge d'achetter le cuivre.

Rendage, comprend les droicts de Seigneuriage & Braſſage, qui ſe leuent & prennent ſur
chacun Marc en œuure d'eſpeces de monnoye:
comme à preſent, le Rendage des Eſcus, eſt de
cent deux ſols vnze deniers, & vn quart de denier, qui ſont les droicts de Seigneuriage &
Braſſage, que ledit ſieur leue ſur chacun marc en
œuure d'Eſcus; & ainſi eſt-il des autres eſpeces.

Taille des eſpeces, eſt la quantité des eſpeces
que le Prince ordonne eſtre taillées & diuiſées
au marc; comme à preſent, la taille des Eſcus eſt
de 72. pieces & demie, que le Roy veut & ordonne eſtre taillées & diuiſées au marc; la taille
des Quarts-d'eſcus, eſt de vingt-cinq pieces, & vn
cinquiéme de piece au marc; & la taille des Demys francs, de trente-quatre pieces & demie audit Marc.

Recours, anciennement, eſtoit vne permiſſion de tenir le poids de chacune eſpece d'argent, ou billon, de deux grains plus fort ou
plus foible, que le iuſte poids d'icelle; lequel Recours eſtoit permis auſdits Officiers des mon-

noyes, outre & par deſſus le Remede de poids ſur
chacun marc d'œuure deſdites eſpeces ; Ce qui
eſt aſſez amplement expliqué en la Reſponſe à
l'aduis dudit Sieur Godefroy, page 111. & 112.

Remede, en termes generaux, eſt vne defectuoſité de poids ou de loy, ſur le Marc d'or ou
d'argent en œuure, que le Prince permet faire
au Maiſtre ou fermier de monnoye, iuſques à
certaine portion d'eſpece, ou degrez de bonté,
qu'il ne doit exceder. Ainſi, y a deux ſortes de
Remedes ; l'vn ſur le poids de marc, en la taille
des eſpeces ; & l'autre, ſur la loy ou bonté interieure de chacun marc d'or ou d'argent, en œuure d'eſpeces.

Remede de poids, eſt vn aide ou permiſſion,
que le Prince donne au Maiſtre ou fermier de
Monnoye, de tenir le marc plus foible de ſa taille qu'il ne doibt eſtre ; fondée, ſur l'incertitude
de l'art de l'ouurier, de ne pouuoir adjuſter iuſtement ſes quarreaux : comme à preſent, les Eſcus
eſtans de 72. & demy de taille au marc, ont pour
remede deux felins de poids ſur marc, poiſans 14.
grains & deux cinquiémes de grain, qui ſont preſque la 4e partie du poids d'vn Eſcu, à raiſon de
deux deniers quinze grains qu'il doibt poiſer.
Que ſi les Ouuriers, pour le Maiſtre, tailloient
leſdits Eſcus à 72. pieces & pres de trois quarts
de piece de poids au marc, l'on diroit que tels eſcus ſeroient dans les remedes : & le Maiſtre, ny
les Officiers de la monnoye, ne pourroient eſtre
repris de faulſeté, pour auoir excedé le remede

de poids ſur marc, en la taille deſdits Eſcus. Mais
ſi le Maiſtre, & les Ouuriers excedoient ce remede & defectuoſité de poids qui leur eſt permis,
& qu'ils les taillaſſent de 73. pieces de poids
au Marc, qui ſeroit vn quart de piece, ou enuiron, hors le remede, la Cour des Monnoyes a
de couſtume pourſuyure tel Maiſtre de monnoye comme faux monnoyeur, & decerner en
tel cas, adjournement perſonnel aux Gardes de la
monnoye, qui ſont reſponſables des foiblages
de poids, hors les remedes, des eſpeces fabriquées dans leur Monnoye, pour reſpondre ſur
telle defectuoſité de poids. Et au cas que par in-
formation, interrogatoire, ou autrement, il fut
trouué qu'il y euſt de leur negligence, ladite
Cour bien ſouuent les condamne à de grandes
Amendes, & parfois les interdit & ſuſpend de
de leurs charges pour quelque tēps; & le Maiſtre
de mōnoye, à rendre & payer au Roy la valeur de
tout ce qui eſt hors & dans les remedes & ; encores à refōdre tel ouurage, qui eſt ja diſperſé dans
les bourſes des particuliers, à ſes frais & deſpens:
ce qui n'aduient iamais, aucun n'ayant ce ſoin de
les faire ramaſſer & recueillir deſdits particuliers
par leſdits Maiſtres, pour les refōdre; de façō que
tels arreſts ſont plus cōminatoires, que d'execution : Les Quarts-d'eſcus ſont de 25. pieces & vn
cinquiéme de piece de taille au marc, au remede
dudit cinquiéme, poiſant 36. grains de poids: Les
Demys francs, ſont de 34. pieces & demie de taille
au marc, au remede d'vn quart de piece, ledit

quart de piece poiſant 33. grains de poids, à raiſon de 5. deniers 12. grains de poids que doibt
poiſer la piece.

Foiblage de poids, eſt la quotité du remede
de poids, que les Ouuriers ont pris ſur chacun
marc d'œuure, en taillant & adjuſtant les eſpeces; la valeur duquel foiblage de poids, le Maiſtre de monnoye eſt tenu rendre & payer au ROY,
ſuyuant le iugemēt qui luy en eſt fait par la Cour
des monnoyes ; & ce, à raiſon de la quantité des
Marcs d'œuure certifiés & arreſtés par le Papier
des deliurances.

Remede de loy, eſt vn aide ou permiſſion que
le Prince donne au Maiſtre ou fermier de monnoye, de tenir la loy ou bōté interieure du marc
d'or ou d'argent en œuure d'eſpeces, moindre
& plus eſcharce (qu'ils appellent) qu'elle ne
doibt eſtre par ordonnance ; cet aide & permiſſion fondée, ſur l'incertitude de l'art d'eſſayer au
iuſte l'or & l'argent : comme à preſent, les Eſcus
ſont à vingt-trois Carats d'or fin, au remede d'vn
quart de Carat ; que ſi leſdits Eſcus, n'eſtoient
allayés par le Maiſtre, & rapportés par les eſſays
de l'Eſſayeur particulier de la Monnoye, qu'à
vingt-deux Carats trois quarts (qui eſt vn quart
de Carat moins que le tiltre ou bonté interieure qu'ils doiuent auoir par ordonnance) l'on diroit que ces Eſcus ſeroient dans les remedes ;
c'eſt à dire, que le Maiſtre & les Officiers ſe ſeroient ſeruis entierement du remede & aide qui
leur eſt permis ſur le tiltre ou bonté interieure

defdits Efcus,& ainfi du moins au moins. Que
fi le Maiftre,& l'Effayeur de la monnoye excedoient le remede fur la loy,qui leur eft permis
& preferit par ordonnance , ladite Cour des
Monnoyes pratiqueroit contr'eux,au iugement
des boëftes de leur Monnoye,le mefme qu'il a
efté dit cy deffus pour les Efcus, parlant du remede de poids.

Efcharceté de loy, eft la quotité du remede de
loy,ou bonté interieure,que le Maiftre, en al-
l'ayant fon metail, a pris fur chacun marc d'or
ou d'argent en œuure ; la valeur de laquelle efcharceté de loy, ledit Maiftre de monnoye eft
tenu rendre & payer au Roy, fuyuant le iugemēt qui luy en eft fait par la Cour des Monnoyes,
& ce,à raifon,comme dit eft, de la quantité des
Marcs d'œuure certifiez & arreftez par le Papier des deliurances.

Traitte , eft vn mot nouueau en terme de
mōnoye,qui comprend le Rendage & les Remedes de poids & loy, pris fur chacun marc d'or
ou d'argent en œuure ; encores que parfois aucuns le prennent feulement pour Rendage,qui
ne comprend (ainfi qu'il a efté dit) que le Seigneuriage & Braffage.

Pueille , à prefent, eft le refte qui demeure de
l'efpece d'or ou d'argent,apres que l'on en a cou-
pé,fçauoir de l'efpece d'or le poids de dix-huict
grains, & de l'efpece d'argent le poids de 36
grains, pour faire l'effay ; lequel poids d'effay,
l'on baille à l'Effayeur,enueloppé dans vn petit

B iij

cornet de papier, que l'on cotte de tel *Numero*, que l'on veut, & du mesme *Numero*, l'on cotte pareillement la pueille de l'espece, dont est fait essay. Et fait à remarquer, que toutes ces pueilles, ainsi cottées de leur *Numero*, sont gardées dans les Monnoyes par les Gardes d'icelles, & en la Cour des Monnoyes par celuy qui a la garde du Comptouër, iusques en fin d'année, & apres le iugement difinitif des boëstes desdites Monnoyes. Et seruent lesdites pueilles, au cas que le iugement des boëstes des Monnoyes ne fut que prouisionnel, ou que par les rapports des Essayeurs general & particulier, il se trouuast tels tressauts ou difference de rapports en leurs essays, que le Maistre ou le Procureur general pour luy, requissent vne nouuelle reprise, c'est à dire, qu'il fut fait vn second essay desdites especes, en tous ces cas & autres semblables qui arriuent aux deliurances, & iugement desdites boëstes, l'on garde lesdites pueilles d'especes d'or & d'argent, pour faire nouuelle reprise ou second essay d'icelles. Anciennement, ces pueilles se pratiquoient autrement : Les Gardes, lors des deliurances, & les Generaux des Monnoyes lors du iugemēt des boëstes, faisoient trois prises des deniers qu'ils deliuroient, & qui se trouuoiēt en boëste, chacune prinse de 5. sols, qui estoient 15. sols de monnoyage; desquels, l'on couppoit 5. sols, que l'on bailloit à l'essayeur pour faire son essay, & les 10. sols estoiēt mis dans vn sac, que le Mᵉ ou personne pour luy, seelloit de son cachet ou

feel, & ces dix fols ainfi feellez & cachetez du
feel dudit Maiftre, eſtoit la pueille de ce temps là.

Faifort, eſt la quantité des Marcs d'œuure,
en eſpeces d'Eſcus, de Quarts, ou Demis francs,
entrepris par le Maiftre, & dont il s'eſt fait fort,
& s'eſt obligé, par bail fait auec le Roy, d'ouurer & fabriquer tous les ans en vne Monnoye:
laquelle quantité de Marcs d'œuure, ledit Maiftre
eſt tenu faire ouurer dans fa Mónoye, ou payer au
Roy le droict de Seigneuriage qui luy en reuiendroit fur chacun marc d'œuure des eſpeces par
luy entrepriſes, & mentionnées dans fondit bail.
Et fait à aduertir, au cas que le Maiftre face
fabriquer dans fa Monnoye, plus grande quantité de Marcs d'œuure, que celle qu'il a entrepriſe
par fon bail, ledit Maiftre eſt tenu payer au Roy
le droict de Seigneuriage de ce plus, par luy ouuré en fadite Monnoye.

Forfait, eſt vn terme nouueau, & faut dire
non encores pratiqué aux Monnoyes. I'ay dit,
que le Maiftre eſt tenu rendre & payer au Roy
le droict de Seigneuriage du plus d'ouurage qu'il
fabrique dans fa Monnoye; & de luy payer encores, les foiblages de poids & eſcharcetez de
loy de tout l'ouurage auſſi fabriqué en icelle.
Depuis peu, aucuns ont propoſé, de prendre
les fermes deſdites Monnoyes à forfait, c'eſt à
dire, à la charge de ne payer au Roy ledit droict
de Seigneuriage du plus d'ouurage par eux fabriqué en leur Monnoye, ny pareillement les
foiblages de poids & eſcharcetez de loy de

tout l'ouurage qu'ils fabriquent en icelle, ainſi
que leſdits Maiſtres les payent à preſent, & qu'il
leur ſont comptez dans les Eſtats ou Compte-
reaux de leurs fermes, qui leur ſont dreſſez tous
les ans par la Cour des Monnoyes. Voyez ce
que j'ay noté cy apres, ſur les Eſtats que l'on
dreſſe aux Maiſtres & fermiers des monnoyes.

Donner le poignant au Maiſtre. Pour entendre
cette façon de parler, faut ſçauoir la difference,
qui eſt entre *trebuchant*, & *poignant. Trebuchant*, eſt
la force de poids qui eſt en l'vn des baſſins plus
qu'en l'autre; par le moyen de laquelle, le baſſin
qui eſt plus chargé, vient à tomber & trebucher.
Et Poignant, à proprement parler, eſt la vacillation ou laſſitude du poing que reſſent celuy qui
tient les balances, par le moyen de laquelle l'vn
des baſſins (bien qu'ils ſoient chargez eſgalement) vient à tomber & trebucher ſans aucun
forçage de poids. *Et donner le poignant au Maiſtre*,
eſt adjuſter ſi eſgalement ſon quarreau ſur le
poids du Deneral, que le trebuchant de la ba-
lance ne vienne du forçage de poids qu'il y, ayt
en l'vn des baſſins plus qu'en l'autre; ains ſeulement, de la vacillation du poing qu'a celuy qui
poiſe, en tenant & ſouſleuant ſes balances, qui
n'eſt en effeċt qu'vn trebuchant lent; de ſorte,
que *poignant* eſt moins que *trebuchant*.

Liure, Sold, & Denier de monnoyage. Denier
de monnoyage, eſt vne eſpece de mônoye de quelque ouurage quelle ſoit, ainſi que j'ay dit ſur le
mot de Denier: comme, vn Eſcu, eſt vn denier

de monnoyage d'efcu ; vn Quart-d'efcu, vn dernier de monnoyage de quart-d'efcu; vn Double tournois, vn denier de monnoyage de double, & ainfi des autres efpeces de quelque ouurage qu'elles foient. *Et Sold de monnoyage*, font douze deniers de monnoyage, de quelque ouurage qu'ils foient. *Et Liure de monnoyage*, font vingt fols de monnoyage, auffi de quelque ouurage dont l'on vueille parler : Ainfi, en la Liure de monnoyage, y a deux cens quarante Deniers de monnoyage, ou Vingt fols; & en chacun Sold de monnoyage, 12. deniers auffi de monnoyage. Pour faciliter lequel compte de Liure, Sold, & Denier de monnoyage, faut prendre le prix & cours de la pièce de Vingt fols, parauant qu'elle fuft furhauffée de prix , & lors qu'elle n'auoit cours que pour vingt fols, & le Sold pour 12. deniers, & l'adapter à la Liure, au Sold, & au Denier de monnoyage. Encores, il fait à aduertir, que ce que anciennement nous appellions Liures de gros, & Sold de gros; maintenant nous l'appellons Liures & Sold de monnoyage, l'vne & l'autre de ces appellations n'eftans que fynonimes.

Forme, des Deliurances; de l'Emboëſté des De-
niers; Cloſture & ouuerture des boëſtes; Cal-
cul du Papier des deliurances; Iugement des
boëſtes; Eſtats que l'on dreſſe aux Maiſtres
ou Fermiers des monnoyes: & de la pro-
nonciation de leurs Debets.

DEliurance, eſt vne permiſſion que les Gardes, & autres officiers de la Monnoye, donnent au Maiſtre ou Fermier de monnoye, de
deliurer les eſpeces fabriquées, à ceux qui ont
apporté les matieres pour les ouurer, comme
eſtans iuſtes de poids & bonnes de loy : De laquelle permiſſion, ſe fait vn Acte, à meſure que
leſdites eſpeces ſont fabriquées, contenant, le
iour de la deliurance; en preſence de quels Officiers; la quantité des marcs d'œuure; & la qualité des eſpeces; le foi!lage de poids; & l'eſchar-
ceté de loy, ou bonté interieure trouuée en icelles. Et fait à remarquer, que cette permiſſion ou
deliurance eſt, à proprement parler, le premier
iugement qui ſe fait du foiblage de poids, & eſ-
charceté de loy deſdites eſpeces fabriquées
dans les Monnoyes: les Gardes, eſtans reſponſables, quant au crime, du foiblage de poids deſdites eſpeces, lors quelles ſe trouuent hors des
remedes. C'eſt pourquoy, en tels Actes des deliurances, les Gardes des monnoyes doiuent eſtre
fort circonſpects & aduiſez; premierement, d'y

† Lequel Acte doit
eſtre ſigné par
tous les officiers
de la Monnoye,
& transcrit dans
vn petit Registre
qui est particu-
lierement nommé Papier
des deliuran-
ces: par que
dans iceluy ils
escriuent tous
les Actes des de-
liurances, de cha-
cune année qu'ils
espreuue qu'il fa-
briquent dans
leur Monnoye.

appeller, & les faire en presence de tous les Officiers de la Monnoye ; de poiser les especes piece
apres autre: & pour le regard de celles d'or, faire
trois poisées, chacune d'vn Marc ; & cotter le
foiblage desdites especes d'or en trois marcs:
& pour les especes d'argent, faire semblablemēt
trois poisées, chacune poisée de trois Marcs, &
cotter le foiblage de poids desdites especes d'argent en nœuf marcs: faire faire essay desdites
especes deliurées par l'Essayeur de la monnoye,
& mettre son rapport de l'escharceté de loy
trouuée sur chacun Marc d'œuure dans le susdit acte. Et pour les deniers qu'ils leur conuient
mettre en boëste en faisant lesdites deliurances,
prendre des mesmes especes, dont ils ont fait
leurs poisées, la quantité qu'il leur faut pour
mettre en boëste. Surquoy il fait à aduertir,
pour entendre que c'est que-

Deniers des boëstes, & emboësté des deniers, Que
lesdits Gardes, de deux cens escus qu'ils passent
en deliurance, sont obligez en prendre vn, & le
mettre à part en boëste, & de 18. marcs aussi d'especes d'argent qu'ils passent en deliurance, en
prendre vne, & la mettre semblablement à part
en boëste, & ainsi du plus au plus. Anciennement
ces deniers se mettoiēt separémēt, chacun selon
leur ouurage, dans de grandes boëstes de cuivre
fermantes à clef, de la façon de celles dont les
Maistres des confrairies se seruent, qui sont fen-
duës par dessus leur couuercle à la façon des ti-
relires; maintenant les Gardes se contentent de

mettre ces deniers dans de grandes boëftes de bois tournées au tour, les feparans chacun felon la qualité de fon ouurage ; lefquelles boëftes, ils enfermént dans vn coffre de bois (que les anciennes ordonnances appellent huche, comme auffi ils appelloiént Huchers, les menuifiers qui les faifoiét & font encores à prefent : ou poffible, que ce coffre de bois eftoit par eux appellé huche, parce qu'il n'eftoit gueres profond, & que fon couuercle eftoit dreffé, & s'ouuroit à la façon des huches à faffer & paiftrir la farine) fermant à trois clefs differentes, dont le Maiftre en a l'vne, les Gardes l'autre, & l'Effayeur la troifiéme. Et pour entendre que c'eft que -

Boëftes, clofture, & ouuerture d'icelles. En fin de chacune Année, de tous ces deniers qui ont efté mis en boëftes d'inftinctes, feparées & enfermées, comme dit eft, dans le fufdit coffre de bois, les Gardes auec les autres officiers de la Monnoye, ferment & cloënt les boëftes ; font des rouleaux de tous ces deniers, felon la qualité de l'ouurage d'vn chacun, & de ces rouleaux auec le Papier des deliurances en font vn petit pacquet qu'ils couurent de cuir ou de toile bien forte, le coufent, lient, & cachettent de leurs cachets en plufieurs & diuers endroicts, & le baillent au Maiftre ou fermier de monnoye pour l'apporter à Paris : lequel pacquet (qui font les boëftes) le Maiftre ou fermier de monnoye prefente luy mefme en perfonne, en plein bureau de la Cour des Monnoyes, dont le Greffier fait

registre du iour de l'apport d'icelles. Et en mefme temps, apres que le President a rompu, cou-
pé, & ouuert ledit pacquet ou boëstes, & mis les
deniers qui se treuuent dans icelles chacun fe-
parément dans de grandes boëstes de bois, vn
des Conseiliers de laditeCour, qui aura cette année la charge & Garde du Comptoir, tient registre, du iour de l'ouuerture d'icelles, du nom
de la Monnoye, du nom du Maistre, en presence ou à la requeste de qui elles auront esté ouuertes, du nombre ou quantité des deniers ou
especes qui se treuuent en icelles: prenant garde en cet enregistrement d'ouuertute des boëstes, de commancer par la boëste d'Escus, & suy-
ure par les especes d'argent de plus haute loy.
Cela fait, ledit Garde du Comptoir prend les
balances pour faire les poisées des deniers defdites Boëstes. Premierement, apres auoir ad-
justé ses balances en equilibre, s'il y a nombre
d'especes d'or suffisamment, il fait trois poisées,
chacune d'vn marc, en sorte s'il est possible que
ces balances, en poisant, demeurent entre deux
fers, sinon il donne le poignant au Maistre: prenant garde pour adjuster ses poisées de mettre
les diminutions de poids & de grains du costé
des deniers, afin de faciliter son calcul quand il
viendra à la supputation du foiblage de sa poisée: Et pour le regard des especes d'argent trou-
uées esdites boëstes, fait semblablement trois
poisées, chacune de tois marcs, mettant du costé
des deniers ou especes les diminutions de poids

& grains qu'il faudra pour adjuster sa poisée: de toutes lesquelles poisées, ledit Garde du Comptoir en fait regiftre, pour luy seruir à son rapport lors du iugement des boëftes.

Calcul du papier des deliurances. Ordinairement, le mefme iour de releuée, où quelque autre iour apres, ladite Cour procede au calcul des foiblages de poids, & efcharcetez de loy, des especes contenuës & enregiftrées dans le fufdit Papier des deliurances, dont le Garde du comptoir fait femblablement regiftre, pour luy feruir à son rapport, lors du iugement des boëftes. Apres laquelle ouuerture des boëftes, calcul du Papier des deliurances, & regiftres faits de toutes les chofes deffus-dites, iceluy Garde du comptoir prepare & inftruit -

Le iugement des boëftes. Premierement, il fait recherche és Recettes generales & ailleurs, des deniers courans (qui font especes, femblables à celles des boëftes, courans & eftans és bourfes des particuliers) afin de controoller par iceux, les foiblages de poids & efcharcetez de loy des especes ou deniers qui fe font trouuez efdites Boëftes: & pour y paruenir, fait deux ou trois poifées defdits deniers courans, & en tient regiftre: confere la defectuofité de poids qu'il treuue és poifées des deniers courans, contre la defectuofité de poids qu'il a treuué és poifées des deniers des Boëftes faictes lors de l'ouuerture d'icelles, & contre le foiblage de poids, auffi trouué par le Papier des deliurances: fait faire

dix ou douze essays, moictié de Deniers dés boëstes, & moictié de Deniers courans, par l'Essayeur
general, & des mesmes pueilles (qui sont les re-
stes des pieces, desquelles il a prins & couppé
vne portion pour l'essay de l'Essayeur general)
fait faire autât de contre-essays de la mesme piece, par l'Essayeur particulier, le rapport desquels
essais, & côtre essais, faits par lesdits Essayeurs general & particulier, & cottez de mesme Numero
1. 2. 3. &c. ledit Garde du comptoir les transcrit
dans son regiftre ou papier : confere l'escharceté de loy qu'il trouue par les essais desdits Essayeurs general & particulier, contre l'escharceté
de loy qui a esté trouuée par le calcul du Papier
des deliurances, & de tout en fait son rapport
bien exact, en plein bureau. Apres lequel, chacun des Conseillers de ladite Cour opine sur les
foiblages de poids & escharcetez de loy, trou-
uées és ouuragesdesdites boëstes: Ayans esgard,
en iugeant, aux foiblages de poids trouuez és
deniers des boëstes, à celuy trouué par le calcul
du papier des deliurances, & aux poisées des deniers courans: Et en iugeant l'escharceté de loy
desdites boëstes, ayans esgard à l'escharceté de
loy, trouuée par le calcul du papier des deliurances, & à l'escharceté de loy rapportée par
les essais & contre-essais desdits Essayeurs general & particuliet.

Des Estats que l'on dresse aux Fermiers des Mon-
noyes. Cesdits foiblages de poids, & escharcetez
de loy iugées par la Cour des Monnoyes, le

Garde dudit comptoir en tient regiſtre, & fait eſcrire le meſme iugement deſdits foiblages & eſcharcetez, à la fin du Papier des deliurances, par le Preſident qui a preſidé au iugement deſdites boëſtes : lequel Papier des deliurances, iceluy Garde du comptoir baille à tour de roolle à l'vn des Conſeillers de ladite Cour ; pour, ſur le calcul des Marcs d'œuure contenus en iceluy, dreſſer au Maiſtre, ou Fermier de monnoye, l'Eſtat de ſes boëſtes. La Recette deſquels Eſtats, apres vn calcul iuſte & exact des marcs d'œuure declarés dans chacune deliurance, conſiſte ; premierement, au droict de Seigneuriage, que le Roy prend ſur chacun marc d'or & d'argent en œuure d'eſpeces : comme à preſent, ſur le marc en œuure d'Eſcus, le Seigneuriage eſt de 3. liures douze ſols vnze deniers pite ; ſur le marc en œuure de Quarts-d'eſcus, de cinq ſols cinq deniers $\frac{201}{115}$; & ſur le Marc en œuure de Demys francs, de cinq ſols ſix deniers $\frac{10}{23}$. Puis aux foiblages de poids, & eſcharcetez de loy deſdits marcs d'œuure fabriquez dans la Monnoye, que le Maiſtre eſt tenu rendre & payer au Roy, ſuyuant le iugement qui luy en eſt fait par ladite Cour des monnoyes, & inſeré, comme dit eſt, à la fin du Papier des deliurances. Et quand le Seigneuriage des marcs d'œuure, contenus audit Papier des deliurances, ne môte à la valeur du Seigneuriage du Faifort du Maiſtre, eſt adjouſté en Recette le droict de Seigneuriage du Faifort du Maiſtre : comme, ſi le droict de Seigneuriage

du Faifort

du Faifort du maiſtre monte à deux cens Eſcus
& que le droict de Seigneuriage des marcs
d'œuure qu'il a fabriqué dans ſa Monnoye, ne
monte qu'à cent Eſcus ; en ce cas, le General des
mónoyes couche en Recette, au profit du Roy,
ladite ſomme de cent Eſcus, deubs par le maiſtre
pour Faifort non fait. Et la Deſpenſe deſdits Eſtats dreſſez auſdits maiſtres, conſiſte, aux deniers
ou eſpeces d'or, d'argent, billon, & cuiure qui ſe
treuuent dans leſdites boëtes, lors de l'apport &
ouuerture d'icelles ; aux gages des Officiers de
ladite Monnoye, au loüage de Maiſon ou Hoſtel
de Monnoye (és villes où le Roy n'en a point)
payé à aucuns particuliers. Encores il fait à remarquer, que dans la deſpenſe deſdits Eſtats, l'on
met le Braſſage(qui eſt le ſalaire deub au maiſtre
& autres Officiers, & aux Ouuriers & Mon-
noyers, pour la fabriquation de chacun marc
d'œuure)parce que, dans la Recette, l'on couche
leſdits Seigneuriage & Braſſage ſoubs le nom de
Rendage, qui comprend l'vn & l'autre droict ;
qui eſt le ſubject pourquoy le General en fait,
repriſe dans la Deſpenſe. Suyuons ces deliurances, iuſques à la prononciation des Debets faits
aux Maiſtres ou fermiers des monnoyes.

Forme, de prononcer les debets aux Maiſtres, ou
fermiers des monnoyes. L'Eſtat dreſſé & verifié, par
vn des Conſeillers de ladite Cour(bien que l'ordonnance enjoigne le verifier en plein bureau)
celuy qui l'a dreſſé, le baille au Greffier pour l'enregiſtrer ; chacune Monnoye ayant vn regiſtre,

particulier, pour enregiſtrer & tranſcrire les Eſtats des Maiſtres & fermiers d'icelles : puis, vn autre deſdits Conſeillers collationne cet enregiſtrement d'Eſtat, ſur le ſuſdit original verifié, le baſtonne, paraphe, & eſcrit au deſſous, *Collation eſt faite* : Apres, le Conſeiller qui l'a dreſſé le ſigne, & le fait ſigner par celuy des Preſidens qui a preſidé audit iugement. Et cela fait, le Greffier prononce au Receueur general des boëſtes, le Débet que le Maiſtre ou fermier de monnoye doibt au Roy : fait regiſtre de ladite prononciation, qu'il inſere à la fin dudit Eſtat, enregiſtré, collationné & ſigné, comme dit eſt, deſdits Preſident & Conſeiller. Et en cas d'abſence dudit Maiſtre ou fermier de monnoye, iceluy Greffier prononce le Debet au Procureur general de ladite Cour, à la requeſte duquel, puis apres ledit Receueur general fait ſes pourſuytes, & decerne ſes contraintes, contre ledit Maiſtre & ſes Cautions, pour le recouurement dudit Debet & deniers deubs au Roy. Voylà, la forme des Deliurances ; de l'Emboëſté des deniers ; cloſture & ouuerture des Boëſtes ; calcul du Papier des deliurances ; l'ordre que l'on tient au iugement des Boëſtes ; en quoy conſiſte la Recette & Deſpenſe des Eſtats que l'on dreſſe aux Maiſtres ou fermiers des monnoyes ; & la forme de prononcer leurs Debets, que i'acheue auec ſueur.

F I N.

TABLE ALPHABETIQVE,
Dv GLOSSAIRE DE
Monnoye.

FIN.

www.ingramcontent.com/pod-product-compliance
Lightning Source LLC
Chambersburg PA
CBHW070636100426

42744CB00006B/708